Doppel-Klick 9

Das Arbeitsheft ➕ Sprachförderung
Lösungen

Seite 4

1 Bringe entweder 100 g Kakaobutter oder die gleiche Menge Kokosfett in einem Wasserbad zum Schmelzen. Gib in das geschmolzene Fett sowohl 40 g Kakaopulver als auch ein wenig Vanillezucker. Süßen kannst du entweder mit 80 g Puderzucker oder mit 50 g Honig. Am Ende gibst du entweder Nüsse oder getrocknete Früchte dazu. Die Schokolade kann man sowohl selbst essen als auch verschenken.

2

Konjunktion	Bezugswort	Konjunktion	Bezugswort
entweder	100 g Kakao-butter	oder	die gleiche Menge Kokosfett
sowohl	40 g Kakao-pulver	als auch	ein wenig Vanille-zucker
entweder	80 g Puder-zucker	oder	50 g Honig
entweder	Nüsse	oder	getrocknete Früchte
sowohl	selbst essen	als auch	verschenken

3 Das Training findet *entweder* auf dem neuen Sportplatz *oder* in der Halle statt.
Hanna mag *sowohl* Schokolade als *auch* Popcorn.
Wir verbringen die Herbstferien *entweder* an der Ostsee *oder* zu Hause.
Morgen fahre ich *entweder* mit dem Bus *oder* mit dem Fahrrad.
Im Zoo gibt es *sowohl* Wildtiere *als auch* Nutztiere.

Seite 5

1 *Das könntest du aufgeschrieben haben:*
In dem Text geht es vermutlich um Palmöl, den Anbau von Ölpalmen und darum, dass für die Plantagen viel Regenwald zerstört wird.

1 c. *Diese Stichworte und Fragen könntest du aufgeschrieben haben:*
Schutz des Regenwaldes, Lebensraum für Orang-Utans und Tiger. Wofür wird Palmöl genutzt? Wie lassen sich Abholzung und Brandrodung vermeiden?

Seite 8

4 *Diese Überschriften könntest du aufgeschrieben haben:*
Absatz 1: Produkte mit Palmöl
Absatz 2: Palmölplantagen verdrängen Regenwald
Absatz 3: Probleme für Wasser und Boden
Absatz 4: Brandrodung
Absatz 5: Nachhaltiger Anbau
Absatz 6: Nachhaltiger Anbau als Lösung?

5 *Diese Schlüsselwörter könntest du markiert haben:*
Absatz 2: meistgenutzte Pflanzenöl, Früchten der Ölpalme, tropischen Klima, Indonesien und Malaysia, zwölf Millionen Hektar, Waldbestand, gefällt oder abgebrannt, verloren Lebensraum, Orang-Utans und Tiger, Aussterben, Monokulturen
Absatz 3: Pestizide ins Grundwasser, Flüsse, ohne Schatten hoher Bäume trocknet Boden aus, Regenzeit, Bodenerosionen
Absatz 4: Nachfrage nach Palmöl, Lebensmitteln, Energie, verdrängen Regenwaldflächen, Brandrodung, Torfböden, brennbar, Treibhausgasen, Klima
Absatz 5: nachhaltige Bewirtschaftung, Kombination mit anderen Nutzpflanzen, Boden vor Erosion schützen, Süßgräser, Rindern, Erträge, geringer, Nährstoff-, Wasserverbrauch erhöhen sich
Absatz 6: nachhaltigen Ölpalmenanbau, Krautschicht, gegen Erosion geschützt, älteren Palmen, Schatten, Tiere, Lebensraum, steigende Nachfrage, Landrechte der Kleinbauern, missachtet, Wasserverbrauch, Grundwasserspiegel, nicht mehr genügend Wasser

6 *So könnte deine Lösung lauten:*
Bodenerosion bedeutet, dass der Boden z. B. durch starken Regen weggeschwemmt oder durch Wind abgetragen wird. Das kann geschehen, wenn der Wald abgeholzt wurde und keine geeigneten Pflanzen als Schutz nachwachsen.

7 a. und d.
1 Tonne: 1000 kg
der Biotreibstoff: z. B. Biodiesel, wird aus pflanzlichen Ölen gewonnen
1 Hektar (ha): eine Fläche von 10 000 m²
die Monokultur: der Anbau von immer derselben Pflanzenart auf derselben Fläche
das Pestizid: das Schädlingsbekämpfungsmittel

7 b. *Diese Sätze solltest du markiert haben:*
Jährlich werden über 50 Millionen Tonnen Palmöl produziert.
In Europa und in den USA wird es auch für die Strom- und Wärmeproduktion sowie als Biotreibstoff eingesetzt.
(…) weltweit auf einer Fläche von zwölf Millionen Hektar.
In den Gebieten mit schnurgeraden Monokulturen finden sie keinen Platz mehr zum Leben.
Zudem werden in den Plantagen Dünger und Pestizide eingesetzt, um möglichst hohe Erträge zu erzielen.

8 b. *So könnte deine Lösung aussehen:*
Nachhaltige Bewirtschaftung bedeutet, dass beim Anbau auf die Natur und die dort lebenden Menschen und Tiere Rücksicht genommen wird.

9 b. *Diese Textstellen könntest du markiert haben:*
Jährlich werden über 50 Millionen Tonnen Palmöl produziert.
In Europa und in den USA wird es auch für die Strom- und Wärmeproduktion sowie als Biotreibstoff eingesetzt.
Die Ölpalmen gedeihen im tropischen Klima und werden überwiegend in Indonesien und Malaysia angebaut (...).

10 *So könnte deine Lösung aussehen:*
Produktion: Die Grafik oben zeigt, dass 2012 Indonesien größter Palmölproduzent war (ca. 27 Millionen Tonnen), dann folgt Malaysia (ca. 18 Millionen Tonnen). Thailand und Nigeria spielen im Vergleich kaum eine Rolle.
Import: Die Grafik unten zeigt, wie viele Tonnen Palmöl die Länder 2012 importiert haben: Indien und China führten am meisten Palmöl ein (ca. 7,8 bzw. 6,5 Millionen Tonnen), es folgt die EU (6,3 Millionen Tonnen). Pakistan führte 2 Millionen Tonnen ein, die USA eine Million.

11 b. und c. *So könnte deine Mindmap aussehen:*

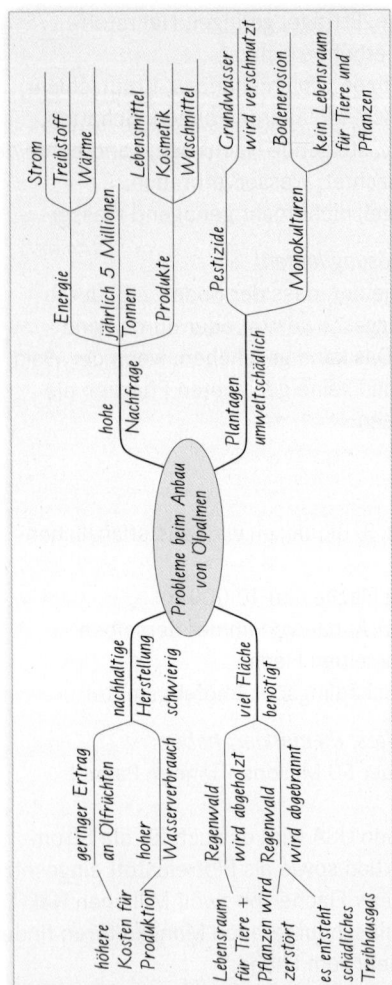

12 b. *So könnte deine Stellungnahme aussehen:*
Ich bin der Meinung, dass der nachhaltige Anbau dazu beitragen kann, die Probleme der Palmölplantagen zu verringern. Wenn dadurch Brandrodung und Bodenerosion verhindert werden können, sind zwei große Probleme beim Ölpalmenanbau gelöst. Ich glaube aber nicht, dass bei der weltweit steigenden Nachfrage weiterhin Rücksicht auf die Umwelt und die Menschen genommen wird.

1 *So könnte der Satz lauten:*
Der Text informiert über den Kakaobaum und seine Früchte, die Kakaobohnen.

2 b. *Das solltest du markiert haben:*
Heimat: Tropenwäldern Amerikas
Größe des Kakaobaumes: vier bis zehn Meter hoher Baum
Blätter: immergrünen, 30 Zentimeter lang, glänzend dunkelgrüner Farbe
Blüten: ein Zentimeter, gelblichen Blüten, entstehen das ganze Jahr über, mit fünf Blütenblättern
Bestäubung: Blüten öffnen sich nur wenige Stunden, von Läusen und Ameisen bestäubt
Früchte: nach Befruchtung, sechs Monate, Kakaofrüchte ausgereift, 15 bis 20 Zentimeter lang, darin 25 bis 60 Kakaobohnen

3 – Heimat:
– Größe des Kakaobaumes:
– Blätter:
– Blüten:
– Bestäubung:
– Früchte:

4 vier bis zehn Meter: 4–10 m, ein Zentimeter: 1 cm, fünf Blütenblätter: 5

5 Stunden: Std., zum Beispiel: z. B.,
circa 30 Zentimeter: ca. 30 cm, zum Teil: z. T.,
auf Seite 1: auf S. 1, und so weiter: usw.

6 Befruchtung → ca. 6 Monate → Kakaofrüchte ausgereift

7 Blätter: glänzen dunkelgrün
Blüten: groß, gelb
Früchte: 15–20 cm lang

8 b. Blüten öffnen sich wenige Std.

9 *So könnte dein Stichwortzettel aussehen:*
Heimat: Tropenwälder Amerikas
Größe des Kakaobaumes: 4–10 m
Blätter: immergrün, 30 cm, glänzen dunkelgrün
Blüten: 1 cm, gelb, 5 Blütenblätter, ganzes Jahr
Bestäubung: durch Läuse und Ameisen
Früchte: nach 6 Monaten reif, 15–20 cm, 25–60 Bohnen

2 *Diese Stichworte könntest du aufgeschrieben haben:*
Wofür? Flyer, Ausstellung „Moderne elektronische Medien"
Für wen? Besucher der Ausstellung

3 *Diese Stichworte könntest du aufgeschrieben haben:*
Was tun? informierenden Text schreiben
Thema? Nutzung moderner Medien
Informationen? Materialien M1 bis M5

4 a. *Diese Aufforderungsverben solltest du markieren:*
A – Beschreibe; B – Stelle dar; C – Vergleiche; D – Erläutere; E – Schlussfolgere; F – Formuliere; G – Notiere

4 b. *Diese Schlüsselwörter könntest du markieren:*
A – moderne elektronische Medien; B – Medien im Alltag; C – Nutzung elektronischer Medien, 2000, 2012; D – Probleme im Umgang, modernen Medien; E – Entwicklung der Mediennutzung; F – Überschrift; G – Materialien

5 *Das könntest du geschrieben haben:*
A – *beschreiben:* Ich soll in der Einleitung genau wiedergeben, was *moderne elektronische Medien* sind.
B – *darstellen:* Ich soll aufschreiben, wie *Medien im Alltag* von verschiedenen Menschen genutzt werden.
C – *vergleichen:* Ich soll dann Gemeinsamkeiten und Unterschiede bei der Mediennutzung in den *Jahren 2000 und 2012* aufzeigen.
D – *erläutern:* Ich soll mit Hilfe von Beispielen veranschaulichen, welche *Probleme mit modernen Medien* auftreten können.
E – *schlussfolgern:* Zum Schluss soll ich aus meinen Informationen Vermutungen ableiten, wie *die Entwicklung* der Mediennutzung in der Zukunft sein könnte.
F – *formulieren:* Ich soll für meinen Text *eine passende Überschrift* finden und diese über meinen Text schreiben.

6 a. und b. *Das könntest du geschrieben haben:*
G – *notieren: Ich soll unter meinem Text die von mir verwendeten Materialien angeben.*

1 b. *Diese Partizipien II solltest du markiert haben:*
eingeführt, angefangen, ausgestrahlt, angeregt, eingenommen

2 a., b. und c.

Verb im Infinitiv	Partizip II	Verb im Perfekt
einführen	eingeführt	er hat eingeführt
anfangen	angefangen	es hat angefangen
ausstrahlen	ausgestrahlt	sie haben ausgestrahlt
anregen	angeregt	wir haben angeregt
einnehmen	eingenommen	er hat eingenommen

3 a. vorstellen – vorgestellt, austauschen – ausgetauscht, abschicken – abgeschickt, herausfinden – herausgefunden, zugreifen – zugegriffen, zusammenstellen – zusammengestellt

1 a. *Diese Aufforderungsverben solltest du markieren:*
Schreibe; Schreibe nicht ab; achte auf; Beschreibe; Erkläre; Erläutere; Fasse zusammen; Formuliere; Notiere

Diese Schlüsselwörter könntest du markiert haben:
Schülerzeitung, „Recycling und Upcycling", informierenden Text, „Instrumente aus wiederverwertbaren Materialien", eigenständige Darstellung, zusammenhängenden Text, Einleitung, Hausmüll, Recycling und Upcycling, Musikinstrumenten, Schlussteil, interessiert, Überschrift, Quellen

3 M1: Projektwoche, „Modernes Recycling", Orchester, selbst gebaute Instrumente: Trommel – alte Waschschüssel, Tamburin – Metalldeckel, Rohre, Rasseln – Dosen, Kostüme – Folien
M2: Orchester, Paraguay, Instrumente aus Müll, begeisterte Jugendliche, Selbstwertgefühl, Tournee, zum ersten Mal das Viertel verlassen
M3: Recycling: wiederverwenden, Glas, Papier, Metall, Kunststoff; Upcycling: neue Produkte, Möbel, Schmuck, Kleidung
M4: Grafik 1: Haushaltsabfälle 2010, Grafik 2: Entwicklung 1990–2010, mehr Wertstoffe, weniger Restmüll
M5: Eimertrommel bauen, Klebebänder, unterschiedliche Klänge

4 a. *Diese Antworten solltest du ankreuzen:*
X ein Tamburin aus einem Holzring und Metalldeckeln
X Sambarasseln aus Pappe, Kunststoff und Metall
X ein Instrument aus Rohren
X eine Trommel aus einer Plastikschüssel

4 b. *Deine Lösung könnte so lauten:*
Sie wollten wahrscheinlich zeigen, wie man Müll wiederverwenden und dabei noch Spaß haben kann. Vielleicht wollten sie auch darauf aufmerksam machen, wie viel einfach weggeworfen wird.

5 *Diese Antworten solltest du ankreuzen:*
X eine Klarinette aus einem Abflussrohr
X eine Geige aus einer Konservendose
X eine Gitarre aus zwei flachen Dosen
X ein Cello aus einem Ölkanister

6 *So könnte deine Lösung lauten:*
Das Musikmachen macht ihnen Spaß.
Das Orchester gibt ihnen eine Aufgabe und Selbstvertrauen. Sie können zum ersten Mal reisen.

7 Beim Recycling werden aus alten Wertstoffen meist ähnliche Produkte wiederhergestellt (Glas, Papier usw.). Beim Upcycling werden meist ganz neue Produkte geschaffen, z. B. Kleidung oder Schmuck.

8 a. X Restmüll

8 b. Kunststoff, Verpackungen, Papier und Sperrmüll

9 a. X um 50 Prozentpunkte

9 **b.** Im Jahr 1990 wurden Verpackungen noch nicht getrennt gesammelt und wiederverwertet.

10 *So könnte deine Lösung lauten:*
Durch Klebestreifen an verschiedenen Stellen des Eimers kann der Klang verändert werden. Man kann auch noch andere Klangmaterialien am Eimer befestigen.

Seite 20

2 *So könnte deine Einleitung aussehen:*
Wohin nur mit dem ganzen Müll? Sicher habt ihr euch das auch schon einmal gefragt. Jeder von uns produziert durchschnittlich 500 Kilogramm Abfall pro Jahr. Ich möchte zeigen, dass man aus diesem „Müll" noch etwas machen kann. Zum Beispiel Musik!

3 **a.** und **b.** *So könnte dein Hauptteil aussehen:*
Wichtig ist es, zuerst die Begriffe Recycling und Upcycling zu verstehen. Beim Recycling geht es darum, Wertstoffe wiederzuverwenden, indem ähnliche Produkte daraus hergestellt werden. Papier und Glas sind Beispiele dafür. Beim Upcycling geht es ebenfalls darum, alte Sachen wiederzuverwenden, aber es werden neue, einzigartige Dinge daraus.
So hat ein Musiklehrer aus Paraguay 2006 mit Jugendlichen ein Orchester gegründet, das auf Musikinstrumenten aus Müll spielt. Sie haben unter anderem aus einem Ölkanister ein Cello gebaut und aus einem Abflussrohr eine Klarinette. Die Jugendlichen geben jetzt Konzerte in vielen Ländern.
Mit wenig Aufwand kann man auch selbst ein Instrument bauen, das nichts kostet, Müll vermeidet und witzig klingt: Man nimmt z. B. drei alte, unterschiedlich große Eimer und befestigt an verschiedenen Stellen Klebestreifen und Metalldeckel. Schon hat man selbst gebaute Trommeln, die unterschiedliche Sounds erzeugen.
Man muss also nicht immer gleich alles wegwerfen, sondern kann kreativ werden und überlegen, was man mit den alten Sachen noch anstellen kann.

Seite 21

1 **a.** und **b.** *So könnte dein Schluss lauten:*
Zusammenfassend möchte ich sagen, dass durch Recycling und Upcycling viel Müll vermieden werden kann. Richtig begeistert hat mich das Müllorchester, das den Musikerinnen und Musikern nicht nur viel Spaß macht, sondern auch noch etwas für die Umwelt tut.

5 *Deine Überschrift könnte so lauten:*
„Mit Müll kreativ sein"

6 Ich habe die Materialien M2, M3, M4 und M5 benutzt.

Z **8** *So könnte deine Lösung lauten:*
Ich stimme der Aussage nicht zu. Aus Abfällen kann man sehr wohl Instrumente bauen, die gut klingen. Man muss nur wissen, wie es geht – und natürlich ein bisschen ausprobieren. Die Musik mit lauter Müllinstrumenten hört sich vielleicht nicht wie ein normales Orchester an, aber das muss es ja auch gar nicht.

Seite 22

1 **a.**, **b.** und **c.**
Ich würde manchmal gern den ganzen Nachmittag spielen, doch ich habe auch noch andere Dinge zu tun. Gute Computerspiele machen viel Spaß, aber manche sind auch die reine Zeitverschwendung. Das stimmt, doch man spielt sie trotzdem stundenlang.

2 **a.** und **b.**
Sie verabredet sich mit Freunden zu einer LAN-Party, doch einige gehen lieber zum Tischtennis.
Maik möchte sich ein Computerspiel kaufen, aber das Taschengeld reicht nicht.
Er möchte seine alten Spiele gern verkaufen, aber niemand interessiert sich dafür.

Seite 23

1 **b.** *Diese Aufforderungsverben solltest du markiert haben:*
Schreibe, Nimm Stellung, Nenne, formuliere, Begründe, belege, Beziehe dich, entkräfte, Formuliere

Diese Schlüsselwörter könntest du markiert haben:
Leserbrief, Flashmob, Rechte von Kindern, Einleitung, Meinung, Argumente mit Beispielen, Gegenargument, Schlussfolgerung, vorschlägst oder empfiehlst

2 *So könnte deine Lösung lauten:*
Sie planen einen Flashmob auf einem Stadtteilfest. Dafür wollen sie einen Tanz einstudieren. Mit der Aktion wollen sie in der Öffentlichkeit auf die internationalen Kinderrechte aufmerksam machen.

Seite 24

3 **b.** *So könnte deine Lösung lauten:*
In der Diskussion geht es darum, ob sich ein Flashmob dazu eignet, auf Kinderrechte aufmerksam zu machen.

4 *Diese Antworten solltest du ankreuzen:*
X gefährlich X störend
X wichtig X überflüssig
X gut X peinlich
X nervig X super
X interessant X etwas Besonderes

Seite 25

7 **a.** *Diese Argumente solltest du grün markieren:*
Flashmobs sind super! Alle bewegen sich gleichzeitig für eine gute Sache. Das stärkt auch das Gemeinschaftsgefühl!
Wenn wir viele Menschen auf die Kinderrechte aufmerksam machen können, finde ich die Aktion gut und wichtig.
Solche Aktionen sind etwas Besonderes. Das erregt bestimmt mehr Aufmerksamkeit als ein Infostand oder Plakate.

7 b. *Diese Argumente solltest du rot markieren:*
Flashmobs finde ich zu gefährlich, weil viele Leute unkontrolliert zusammentreffen. Es könnte Panik entstehen.
Flashmobs finde ich überflüssig. Sie bringen nichts und nerven die Leute. Manche fühlen sich sogar belästigt durch so einen Menschenauflauf und die laute Musik.
Flashmob? Das ist doch peinlich! Wenn mich da einer sieht.

8 *So könnte deine Lösung lauten:*
viele Menschen bringen viel Aufmerksamkeit, interessanter als Plakate, stärken das Gemeinschaftsgefühl, zusammen für eine Sache, Überraschungseffekt, Spaß und Ernst gleichzeitig

9 *So könnte deine Lösung lauten:*
Ich bin für einen Flashmob, da er mehr Aufmerksamkeit erregt als ein Infostand oder Plakate. Ich bin für diese Aktionsform, denn die Passanten fragen sich dann überrascht, was da los ist, und bleiben eher stehen. Außerdem kann man bei einem Flashmob Spaß und Ernst zusammenbringen, wodurch das Gemeinschaftsgefühl gestärkt wird.

Seite 26

10 a. und b.
Durch einen Flashmob wird das Gemeinschaftsgefühl gestärkt. → Ich habe mal an einem Flashmob teilgenommen. Wir haben uns wie eine große Familie gefühlt.
Flashmobs bringen für die Rechte von Kindern nichts. → Ich habe auch mal an einem Flashmob teilgenommen. Es hat zwar Spaß gemacht, aber keiner wusste, worum es überhaupt ging.
Ein Flashmob ist interessanter als ein Infostand oder Plakate. → Ich habe oft gesehen, wie die Leute an Infoständen einfach vorbeigingen.
Mit einem Flashmob erreichen wir eine breite Öffentlichkeit. → Zum Beispiel war beim Tierschutzbund eine solche Aktion sehr erfolgreich. Das kann uns auch gelingen.
Ein Flashmob ist als Aktionsform zu gefährlich. → Ich habe mal ein Video gesehen, bei dem immer mehr Leute zu dem Flashmob strömten und es dann zu einer Panik kam.

11 a., b. und c.
So könnte deine Lösung lauten:
„Ich bin gegen einen Flashmob, weil sich die Leute durch diese Aktionsform gestört oder abgeschreckt fühlen können."
Manche Schüler sagen, dass die Leute sich durch einen Flashmob gestört oder sogar abgeschreckt fühlen könnten. Ich finde, dass wir genau diese Leute erreichen müssen. Sie fühlen sich zuerst gestört, wundern sich vielleicht und bleiben gerade deshalb stehen.

Seite 27

12 *Meinung:* Ich bin für den Flashmob.
Argument 1: breite Öffentlichkeit erreichen
Beispiel 1: Aktion des Tierschutzbundes sehr erfolgreich
Argument 2: interessanter als Infostand oder Plakate
Beispiel 2: Leute gehen oft an Infoständen einfach vorbei
Argument 3: Leute erreichen, die sich gestört fühlen
Beispiel 3: Bericht zeigte, dass Leute zuerst genervt sind, dann doch wissen wollen, worum es geht
Schlussfolgerung: deshalb für Flashmob, weil er breite Öffentlichkeit auf interessante Weise anspricht

13 b. an meine Mitschülerinnen und Mitschüler

14 *So könnte deine Einleitung lauten:*
Ich möchte meine Meinung zu folgendem Thema darstellen: Ist ein Flashmob ein wirksames Mittel, um auf die Rechte von Kindern aufmerksam zu machen? Ich bin der Ansicht, dass sich gerade der Flashmob gut dafür eignet, um dieses Thema in der Öffentlichkeit bekannt zu machen.

15 *So könnte dein Hauptteil lauten:*
Mit einem Flashmob kann man eine große Anzahl von Menschen erreichen. Das hat z. B. der Hunde-Flashmob des Tierschutzbundes gezeigt, der ziemlich erfolgreich war. Ein Flashmob ist viel interessanter als ein Infostand oder das Verteilen von Flyern. Ich habe oft gesehen, dass die Leute an Infoständen einfach vorbeigelaufen sind oder die Flyer sofort weggeworfen haben. Es stimmt zwar, dass es bei einem Flashmob etwas lauter zugehen kann und sich manche Leute gestört fühlen. Aber es geht ja genau darum, die Leute zu stören und aufzurütteln. Einige bleiben dann doch stehen und wollen wissen, worum es geht. Der Lärm passt außerdem zum Thema „Kinderrechte": Kinder sind nun einmal etwas lauter und wollen auch Spaß haben.

16 *So könnte dein Schluss lauten:*
Zum Schluss möchte ich noch einmal betonen, dass ich einen Flashmob gerade für das Thema „Kinderrechte" passend finde. Deswegen möchte ich vorschlagen, einen Flashmob zu organisieren, ihn auf Video aufzunehmen und ins Internet zu stellen. So kann sich die ganze Welt unsere Aktion anschauen.

Seite 30

1 *Diese Aufforderungsverben solltest du markiert haben:*
Analysiere, Schreibe, Nenne, Schreibe auf, Fasse zusammen, Schreibe, Untersuche, Analysiere, Untersuche, Belege

Diese Schlüsselwörter könntest du markiert haben:
Kurzgeschichte, Einleitung, Titel, Autorin, worum es geht, Inhaltsangabe, das Wichtigste, Perspektive, Verhalten der Figuren, Merkmale, Aussagen am Text

Seite 32

3 *Das könntest du geschrieben haben:*
Ich denke daran, wie ich morgens im Bus sitze. Die meisten Leute gucken auf ihr Smartphone oder lesen Zeitung, aber es wird kaum geredet.

4 „Ein Montagmorgen im Bus" von Pattie Wigand

5 *Diese Schlüsselwörter könntest du markiert haben:*
Absatz 1: drei kleine Wörter, Wunder, zeigte sich der Chicagoer Winter von seiner schmutzigsten Seite
Absatz 2: Bus fuhr mehrere Kilometer, Fahrgäste, dösten zum eintönigen Rattern des Motors, wir versteckten uns, hielten Distanz
Absatz 3: plötzlich, laute Stimme, Fahrer, Autorität, „Legen Sie Zeitung weg", „sehen Sie Sitznachbarn ins Gesicht", gedankenlosem Gehorsam, Befehl, eines militärischen Ausbilders, „Guten Morgen, Nachbar!", wie Schulkinder im Chor
Absatz 4: lächelten, Erleichterung, lange unterdrückte Höflichkeit, Eis war gebrochen, Viele lachten, unterhielten sich, froh über seinen Einfall, Gelächter
Absatz 5: Haltestelle, auf Wiedersehen, weitere Busse, regungslos und stumm, in meinem Bus, lebhaften Mienen, Montagmorgenwunder

6 *Absatz 1:* Winter in Chicago
Absatz 2: Schweigen im Bus
Absatz 3: Die Aufforderung
Absatz 4: Freundliche Gespräche
Absatz 5: Das Wunder

7 In der Geschichte geht es um den Einfall eines Busfahrers, durch den sich die Stimmung und das Verhalten seiner Fahrgäste völlig verändert.

8 a. Chicago (Zeile 4), Lincolnpark (Zeile 6), Wolkenkratzerpalästen des Michigan-Boulevards (Zeilen 17–18)

8 b. Die Geschichte spielt in einem Bus in Chicago.

9 der Fahrgast, der die Geschichte erzählt; der Busfahrer; weitere Fahrgäste; eine ältere Frau mit einem roten Schal

10 *So könnten deine Stichworte aussehen:*
– Fahrgäste reden nicht miteinander, lesen Zeitung
– Busfahrer, Durchsage: Aufforderung an die Fahrgäste
– Fahrgäste reden miteinander, lachen
– Haltestelle, Ich-Erzähler steigt aus, „Montagmorgenwunder"

Seite 33

1 *Diese Antworten solltest du ankreuzen:*
X In der Geschichte erzählt ein Ich-Erzähler.
X Der Erzähler ist eine Figur in der Geschichte.
X Der Erzähler erlebt das Geschehen zusammen mit den anderen Figuren.

2 b. *Diese Textstellen könntest du angeben:*
„Als ich in den Bus stieg, schien die Sonne." (Zeile 2)
„Wir, die Fahrgäste, saßen in dicken Mänteln dicht nebeneinander und dösten ..." (Zeilen 7–8)

3 a. und b. *Das könntest du geschrieben haben:*
Die Fahrgäste sind müde und dösen, wollen ihre Ruhe haben, verstecken sich hinter ihren Zeitungen (Zeilen 7–11). Vermutlich reden sie auch deshalb nicht miteinander, weil das „zu den ungeschriebenen Regeln" (Zeile 11) gehört.

4 Der Ich-Erzähler sitzt wie die anderen Figuren dösend im Bus, keiner spricht, alle haben ihre Zeitungen aufgeschlagen. (Zeilen 10–13)

Seite 34

5 b. *Diese Antworten solltest du ankreuzen:*
X Der Busfahrer macht eine Ansage.
X Der Busfahrer befiehlt den Fahrgästen, einander freundlich anzuschauen.
X Der Busfahrer befiehlt den Fahrgästen in strengem Ton, einander zu begrüßen.

6 Die Fahrgäste sind zunächst neugierig, recken *ihre Hälse* und *blicken* zum Busfahrer. Allmählich lassen sie ihre *Zeitungen* fallen und *gehorchen*, ohne zu *lächeln*. Alle warten sie auf *die nächste Anordnung*. Schließlich folgen sie dem Befehl des Busfahrers und sagen: *„Guten Morgen, Nachbar" (Zeile 33)*. Doch ihre Stimmen klingen noch *schwach und ängstlich (Zeile 34)*. Denn der Erzähler und die anderen Figuren fühlen sich in dieser Situation wie eingeschüchterte *Schulkinder*.

7 Nachdem sie einander „Guten Morgen" gewünscht haben, geben sie sich die Hände, lachen und unterhalten sich. Sie sind auch erleichtert, dass es sich um keine Entführung handelt. Keiner von ihnen schlägt die Zeitung wieder auf. Im Nachhinein sind sie froh über die Anweisungen des Busfahrers.

8 a. Zeile 63.

8 b. Damit ist gemeint, dass es eine Art Wunder ist, dass plötzlich alle freundlich miteinander reden. Denn normalerweise sind die Fahrgäste an so einem Montagmorgen in sich gekehrt und starren in ihre Zeitungen.

Seite 35

1 b. Ich-Erzähler steigt in den Bus, Chicagoer Winter

2 b. „Zwar begegneten uns jeden Tag dieselben Gesichter, aber wir versteckten uns lieber hinter unseren Zeitungen." (Zeilen 12–13)

3 a. weniger als eine Stunde

3 b. Die Handlung dauert vermutlich weniger als eine Stunde, da der Ich-Erzähler wohl kaum länger braucht, um mit dem Bus zur Arbeit zu kommen.

4 Der Wendepunkt ist die Durchsage des Busfahrers. Danach wenden sich die Fahrgäste einander zu und sprechen miteinander.

5 a. *Diese drei Wörter solltest du markieren:*
„Guten Morgen, Nachbar!" (Zeile 33)

b. Durch den Gruß „Guten Morgen, Nachbar" ändert sich die Stimmung im Bus. Die Fahrgäste wenden sich einander zu und kommen miteinander ins Gespräch. Und das passiert an normalen Tagen nicht.

1 *So könnte deine Einleitung lauten:*
In der Kurzgeschichte „Ein Montagmorgen im Bus" von Pattie Wigand geht es um den Einfall eines Busfahrers, durch den sich die Stimmung und das Verhalten seiner Fahrgäste völlig verändern.

2 *So könnte dein Hauptteil lauten:*
Die Geschichte spielt an einem Montagmorgen in einem Chicagoer Bus während des Berufsverkehrs. Die Hauptperson ist der Ich-Erzähler, der wie alle anderen Fahrgäste im Bus sitzt und Zeitung liest. Die Leute schauen sich nicht an, niemand spricht. Plötzlich meldet sich der Busfahrer und fordert die Leute dazu auf, ihre Zeitungen wegzulegen. Die Fahrgäste gehorchen erschrocken. Als Nächstes befiehlt er allen, ihre Sitznachbarn anzuschauen und ihnen ein freundliches „Guten Morgen, Nachbar" zu sagen. Die Fahrgäste gehorchen wieder, beginnen zu lachen und unterhalten sich dann angeregt. Als die Hauptfigur an ihrer Haltestelle aussteigt, ist sie fröhlich und denkt an das Erlebnis als an ein „Montagmorgenwunder" (Zeile 63). Die Geschichte hat einen Ich-Erzähler, der wie alle anderen Fahrgäste an diesem kalten Montagmorgen müde zur Arbeit fährt. „Wir, die Fahrgäste, saßen in dicken Mänteln ..." (Zeilen 7–10). Am Ende sind der Ich-Erzähler und die anderen Fahrgäste glücklich über das Erlebnis: „Erst hatten wir zwar den Kopf über den verrückten Kerl von Fahrer geschüttelt, aber nun waren wir alle froh über seinen Einfall." (Zeilen 48–50)
Als Leser ist man sofort mitten in der Handlung: Die Hauptperson steigt in den Bus und fährt zur Arbeit. Es wird ein kurzer Ausschnitt aus diesem eigentlich alltäglichen Geschehen dargestellt. Während der kurzen Fahrt gibt es aber einen entscheidenden Wendepunkt. Durch den ungewöhnlichen Befehl des Busfahrers und die Reaktion der Fahrgäste „Guten Morgen, Nachbar" (Zeile 33) ändert sich auf einmal die Stimmung im Bus. „Es waren drei kleine Wörter, die ein Wunder bewirkten" (Zeile 1), heißt es gleich am Anfang der Geschichte.

3 *So könnte dein Schluss lauten:*
Die Kurzgeschichte hat mich darüber nachdenken lassen, wie man sich morgens im Schulbus verhält und wie ich in einer ähnlichen Situation reagieren würde. Ich halte es aber für unwahrscheinlich, dass unser Busfahrer auf so einen Einfall wie in der Geschichte käme.

Z 5 *Das könntest du geschrieben haben:*
Ich stimme der Aussage zu. Ich habe es jedenfalls noch nie erlebt, dass ein Busfahrer die Fahrgäste auffordert, sich zu unterhalten. Sowohl der Busfahrer als auch die Fahrgäste wollen morgens früh doch eigentlich lieber in Ruhe gelassen werden.

Z 6 *So könnte deine Fortsetzung aussehen:*
Als ich am nächsten Morgen in den Bus stieg, saß wieder der Busfahrer von Montag am Steuer. Ich lachte und sagte „Guten Morgen, Herr Busfahrer". Er erwiderte den Gruß und lächelte. Während ich durch den Gang lief und nach einem Sitzplatz Ausschau hielt, sah ich die bekannten Gesichter wieder. Nun lächelten alle und riefen plötzlich im Chor: „Guten Morgen, Nachbar!"

Ich entdeckte die Frau mit dem roten Schal und setzte mich zu ihr. Bald setzten wir unsere Unterhaltung von gestern fort. Der Bus fuhr an.

1 **a.** und **b.**
vortragen, vertragen, ertragen, eintragen, tragen

2 Ich kann das nicht aushalten. – Ich kann das nicht ertragen. Wir verstehen uns sehr gut. – Wir vertragen uns gut. Lassen Sie mich die Tasche nehmen. – Lassen Sie mich die Tasche tragen. Ich möchte euch etwas laut vorlesen. – Ich möchte euch etwas vortragen. Du musst deinen Namen hier aufschreiben. – Du musst deinen Namen hier eintragen.

3 Mit seinen Geschwistern *verträgt* er sich selten gut. Im Reitstall müssen sich die Jugendlichen in eine Liste *eintragen*. Nach drei Wochen konnte sie den Gips kaum noch *ertragen*. Ich nehme die Decke und den Grill. *Trägst* du bitte den Picknickkorb?

1 **b.** *Diese Aufforderungsverben solltest du markiert haben:*
Lies, Analysiere, Fasse zusammen, Gehe vor, Nenne, Fasse zusammen, Untersuche, Beschreibe, Nenne, beschreibe

Diese Schlüsselwörter könntest du markiert haben:
„Gemeinsam", Rose Ausländer, Einleitung, Titel, Autorin, worum es geht, das lyrische Ich, Gedanken, Gestaltungsmittel, Wirkung

2 *Das könntest du geschrieben haben:*
eine Landschaft, ein Weg, Wald und Hügel, eine Hälfte grün und leuchtend gelb, die andere grau; halb fröhlich und bunt, halb traurig und grau

1 **b.**
X Freunde unternehmen eine Reise.
X Freunde sollen das Leben genießen, dabei aber nicht nur an sich denken.

2 **a.** und **b.** *So könnte deine Lösung lauten:*
„Vergesset nicht / Freunde / wir reisen gemeinsam" (Zeilen 1–3)
Es könnten damit die persönlichen Freunde gemeint sein, aber auch alle Menschen.

3 **a.** *Diese Wörter könntest du markiert haben:*
wir, uns, unsre gemeinsame Welt

3 **b.** *So könnte deine Lösung lauten:*
Das lyrische Ich spricht seine Freunde an und sieht sich selbst mit ihnen in einer gemeinsamen Welt.

4 **a.** *Vergesset nicht, Freunde*
Vergesset nicht

4 **b.** *Das könntest du in die Denkblasen geschrieben haben:*
Die Aufforderung wirkt herzlich und ermahnend.
Die Aufforderung wirkt schon eindringlicher.

5 Das Wort „reisen" kommt in der ersten und in der letzten Strophe vor (Zeilen 3 und 18).
Am Anfang denke ich noch an eine tatsächliche Reise, vielleicht in den Sommerferien. Am Schluss habe ich dann die Vermutung, dass es das ganze Leben ist, das als Reise beschrieben wird.

6 a. *Diese Verbindungslinien könntest du gezogen haben:*
besteigen Berge → Schwierigkeiten überwinden
pflücken Himbeeren → Gelegenheiten ergreifen
lassen uns tragen / von den vier Winden → unbeschwert sein, das Leben genießen

7 a. und b. *Das solltest du markiert haben:*
Gemeinsam, wir reisen gemeinsam; gemeinsame Welt; gemeinsam reisen

7 c. *So könnte deine Lösung lauten:*
Die Überschrift „Gemeinsam" bezieht sich vermutlich darauf, dass alle Menschen gemeinsam auf dieser Erde leben. Wir alle sind also auch gemeinsam für sie verantwortlich.

8 a. *Das solltest du markiert haben:*
unsre / gemeinsame Welt / die ungeteilte / ach die geteilte
die uns aufblühen lässt / die uns vernichtet / diese zerrissene / ungeteilte Erde

8 b. *Das könntest du geschrieben haben:*
Die fröhliche Stimmung, die am Anfang ausgelöst wird, ändert sich. Das Gedicht wirkt durch die Wörter „geteilte", „vernichtet" und „zerrissene" auf einmal traurig, die Reise erscheint mühevoll.

9 *Das könntest du geschrieben haben:*
Die Welt ist beides: geteilt und ungeteilt. Der Ausruf „ach" drückt Trauer oder Verzweiflung darüber aus, dass wir nicht in einer ungeteilten Welt leben.

10 b. Jede Strophe ist um einen Vers länger als die vorhergehende.

11 a. und b.
vier Winde: lassen uns tragen / von den vier Winden
Erde: die uns aufblühen lässt / die uns vernichtet

12 *Das könntest du geschrieben haben:*
Die vier Winde und die Erde wirken wie handelnde Personen. Die Winde können die Menschen in unterschiedliche Richtungen tragen, die Erde kann die Menschen aufblühen lassen oder vernichten. Der Mensch erscheint dadurch eigentlich machtlos.

13 In dem Gedicht wiederholt sich die Aufforderung: „*Vergesset nicht*" (Zeilen 1 und 8). Angesprochen werden wir als „*Freunde*" (Zeile 2). Wir sollen uns daran erinnern, dass wir „gemeinsam *reisen*" (Zeilen 3 und 18) in einer „gemeinsame(n) *Welt*" (Zeile 10).
Auf dieser Reise können wir uns „*von den vier Winden*" (Zeile 7) tragen lassen, also unbeschwert sein, das Leben genießen. Das lyrische Ich bedauert aber, dass die gemeinsame Welt keine einheitliche Welt ist (Zeilen *12, 15*).

Die Zerrissenheit kann man an den Gegensätzen in den Zeilen *11-16* gut erkennen, mit denen die Erde und die Welt beschrieben werden.

1 a. und b. *So könnte deine Einleitung aussehen:*
In dem Gedicht „Gemeinsam" von Rose Ausländer geht es um das Leben auf der Erde als eine Reise, die wir gemeinsam unternehmen.

2 *So könnte dein Hauptteil aussehen:*
Das lyrische Ich wendet sich in dem Gedicht an seine Freunde und fordert sie auf, etwas Wichtiges nicht zu vergessen. Durch das Pronomen „wir" bezieht sich das lyrische Ich selbst mit ein. Auch als Leser fühlt man sich direkt angesprochen.
Die Wörter „reisen" und „gemeinsam" werden im Gedicht mehrmals wiederholt. Am Anfang denkt man noch an eine tatsächliche Reise. Am Ende wird aber deutlich, dass das Leben als Reise gemeint ist.
Im Gedicht werden Metaphern verwendet, um das Reisen anschaulich zu machen. Wir „besteigen Berge" (Zeile 4) könnte bedeuten, dass man Schwierigkeiten überwindet. Wir „pflücken Himbeeren" (Zeile 5) könnte bedeuten, dass man Gelegenheiten ergreift. Die vier Winde und die Erde werden im Gedicht wie handelnde Personen beschrieben, die das Leben der Menschen beeinflussen. Sie können uns sowohl aufblühen lassen als auch vernichten.
Das lyrische Ich bedauert, dass die gemeinsame Welt keine von allen geteilte Welt ist (Zeilen 12, 15). Diese Zerrissenheit kann man an den Gegensätzen erkennen, mit denen die Erde und die Welt beschrieben werden.

2 *So könnte dein Schluss aussehen:*
Mir gefällt das Gedicht gut. Es ist zwar kurz, aber es spricht in den kurzen Versen von den wichtigen Dingen des Lebens. Wir sollen als Freunde das Leben als gemeinsame Reise sehen und die Welt teilen. Das lyrische Ich verschweigt aber nicht, dass dies oft nur ein Wunsch ist und nicht die Wirklichkeit.

1 3 – Sina, Baugeräteführerin
1 – Ramon, Medizinischer Fachangestellter
2 – Katja, Raumausstatterin

2 Sina: Ich bin an einer Ausbildung als Baugeräteführerin interessiert. Ramon: Ich interessiere mich für eine Ausbildung als Medizinischer Fachangestellter. Katja: Ich habe Interesse an einer Ausbildung als Raumausstatterin.

4 *Das könntest du geschrieben haben:*
Ich bin Mitglied in der AG Künstlerische Gestaltung. Ich kümmere mich um die Materialien.

1 Ich bin ein guter Streitschlichter. – Konfliktfähigkeit
Ich erkläre unserem 80-jährigen Nachbarn gerne etwas an seinem Computer. – Einfühlungsvermögen
Ich spreche gut Englisch und fließend Italienisch. – Mehrsprachigkeit

Mein größtes Hobby ist das Klettern. –
Körperbeherrschung
In der Partner- oder Gruppenarbeit kann ich am besten
lernen. – Teamfähigkeit
Ich arbeite in einer Modellbau-AG mit. – handwerkliches
Geschick

2 *Das solltest du markiert haben:*
Interesse an organisatorischen Tätigkeiten,
Kontaktfreude, offenes Ohr für Bedürfnisse und Sorgen
älterer Menschen
schwindelfrei, Interesse an handwerklicher Tätigkeit,
Körperbeherrschung, Sorgfalt

3 Altenpflegehelfer: Konfliktfähigkeit, Einfühlungs-
vermögen
Gerüstbauer: Körperbeherrschung, handwerkliches
Geschick

Seite 46/47

1 **a.** *Du solltest von oben nach unten fortlaufend
nummeriert haben:*
1 Steinfurt, 29.03.2015
2 Mario Muri
3 Seniorenheim Haus Anton
...
14 Anlagen

1 **b.** *Diese Textteile fehlen:*
10 Angaben zur Schullaufbahn
12 Grußformel

2 **b.** Ihre Anzeige in der Steinfurter Zeitung vom
19.03.2015
Bewerbung um einen Ausbildungsplatz als
Altenpflegehelfer

3 **b.** *So könnte deine Lösung aussehen:*
In meiner Freizeit spiele ich Keyboard. Unserem
80-jährigen Nachbarn helfe ich öfter mit seinem
Computer oder spiele mit ihm Backgammon.

4 Zurzeit besuche ich die 9. Klasse der Steinfurter
Gesamtschule, wo ich im Sommer 2015 meinen
Qualifizierenden Hauptschulabschluss machen werde.

5 Mit freundlichen Grüßen

Seite 48

1 **a. und b.**
1 Zur Person
Name: Muri
Vorname: Mario (...)
2 Schulbildung
01.09.2009–31.08. Steinfurter Gesamtschule (...)
3 Praktische Erfahrung
01.10.–21.10.2014 Praktikum (...)
4 Besondere Interessen und Kenntnisse
Sprachkenntnisse: (...)
5 Datum, Unterschrift
Steinfurt, 29. März 2015
Mario Muri

Seite 49

1 um einen Ausbildungsplatz bewerben, mit großem
Interesse gelesen, über Ihr Restaurant informiert,
während meines Praktikums Erfahrungen gesammelt

3 *So könntest du die Sätze ergänzt haben:*
Ihre Anzeige habe ich *mit großem Interesse gelesen.*
Im Internet habe mich *über Ihr Restaurant informiert.*
Ich möchte mich bei Ihnen *um eine Lehrstelle bewerben.*
In diesem Beruf habe ich schon *während meines
Praktikums Erfahrungen gesammelt.*
Ich würde mich sehr freuen, wenn Sie mich *zu einem
Gespräch einladen.*

Seite 50

1 **b.** *Folgende Wörter wurden im Text falsch geschrieben:*
Norden, Museum, Handel, wurde, Leben, erkunden,
werden, Besucher

Seite 51

3 **b. und c.**
geben, der Hafen, wann, das Dock, lesen, das Gesetz,
die Sonne, wissen, die Züge, sagen

4 **b.** *Folgende Wörter wurden im Text falsch geschrieben:*
Wissenschaftler, Wrack, Pfahlreihen, erkennen, stützen,
Plattform, diente

5 die Fußbälle – der Ball, das Gebäude – bauen, zählen –
die Zahl, häuten – die Haut

Seite 52

6 **b.** *Folgende Wörter wurden im Text falsch geschrieben:*
regelmäßigen, Länder, Kräften, unzähligen, häufig,
bläulich, Bänderriss

7 **b.** *Folgende Wörter wurden im Text falsch geschrieben:*
Rand, gelbgrünem, erschrak, hob, blieb, Spaziergang

Seite 53

8 **b.** *Folgende Wörter wurden im Text falsch geschrieben:*
Fensterbank, Dach, Wetter, Heiterkeit, Dunkelheit, Essen,
Fressen, Leckeres

9 Auch in diesem Jahr fahren Myriam und Felix wieder
gemeinsam in das Jugendcamp, das auf der kleinen Insel
liegt. Sie genießen die frische Meeresbrise, obwohl es
leicht regnet. Während der Überfahrt zur Insel, die sie
schon zum dritten Mal besuchen, planen sie ihre Ferien.
Myriam möchte oft zum Strand gehen, weil sie dort gut
entspannen und lesen kann. Felix will surfen lernen.
Die Ausrüstung wird er sich in dem Surfladen, der in
Strandnähe liegt, ausleihen. Am ersten Abend gehen sie
zum Lagerfeuer, das die Jugendherberge veranstaltet.

1 c. beim Verlegen, nach dem Versenken, dem Freischalten, beim Anknabbern, beim Filmen, das Verpacken

2 b. und c.
Haie sind in den Weltmeeren in vielen Arten vertreten. Sie unterscheiden sich im Aussehen und in der Größe. Beim Schwimmen gleiten sie elegant durchs Wasser. Besonders durch unkontrolliertes Beifischen sind Haie heute bedroht.

3 b. etwas Fürchterliches, etwas anderes Kriminelles, nichts Freundliches

4 *So könnte deine Lösung aussehen:*
das Ursprüngliche, nichts Ursprüngliches, das Besondere, nichts Besonderes, alles Unwichtige, nichts Unwichtiges, das Wertvolle, viel Wertvolles

5 das Allgemeine, im Allgemeinen, das Weitere, im Weiteren, das Große und Ganze, im Großen und Ganzen

6 b. und c.
Das Auffällige an den Haien sind ihre hakenförmigen Schwanzflossen. Haie halten sich gern in Küstennähe auf, weil sie dort viel Nahrhaftes finden. Menschen gehören im Allgemeinen nicht zu ihrer Beute. Der riesige Walhai ernährt sich sogar im Wesentlichen von Plankton.

1 Er möchte Genaueres über den Beruf des Erziehers erfahren.

2 b.

Wortgruppen aus Nomen und Verb	Wortgruppen aus Verb und Verb
ein Gespräch führen	laufen lernen
Angst haben	rechnen üben
Acht geben	
Geduld haben	
Streit schlichten	

4 Die Berufsberaterin wird Jannis *Bescheid geben*, sobald ein Ausbildungsplatz frei ist.
Da er keinen Führerschein besitzt, wird er *Rad fahren*.
Als Erzieher muss er den Kleinen *Halt geben*, er sollte ihnen aber auch *Grenzen aufzeigen*.

4 Wenn ein Kind Probleme hat, kann alles andere auch mal *liegen bleiben*. Im Hort muss ein Erzieher mit den Kindern auch *lesen üben*.
Im Sommer wollen die Kinder jeden Tag *schwimmen gehen*. Nach einem langen Tag wird Jannis seine Freizeit *schätzen lernen*.

5 wichtig sein, anders sein

6 Mit seiner Berufswahl wird Jannis hoffentlich *zufrieden sein*. Natürlich wird er jeden Morgen *pünktlich sein*. Erzieherinnen und Erzieher müssen für die Bedürfnisse der Kinder *offen sein*.

7 *Folgende Wortgruppen mit sein solltest du markieren:* zufrieden ist, offen sind, dort war

1 Wörter mit **c**: der Comic, cool, das Musical, der Computer
Wörter mit **ph**: die Physik, der Triumph
Wörter mit **th**: das Thema, die Theater-AG, die Methode

2 das Café, das Camping, das Casting, der Clip, die Cloud, der Clown, die Couch, die Crème

3 Nomen: der Triumph, die Philosophie, der Physiker, die Phase, das Alphabet
Verben: philosophieren, alphabetisieren, triumphieren
Adjektive: alphabetisch, phasenweise, physikalisch

4 ein Naturwissenschaftler: der Physiker
der Sieg: der Triumph
die Weltanschauung: die Philosophie
der Zeitabschnitt: die Phase

5 der Mathematiker, mathematisch, die Mathematik
athletisch, die Leichtathletik, die Athletin
die Theorie, theoretisch, der Theoretiker

6 die Story – die Storys, das Handy – die Handys

7 das Baby – die Babys, der Teddy – die Teddys, das Hobby – die Hobbys, die Party – die Partys

1 Digitalkameras gibt es seit dem Ende des 20. Jahrhunderts.

2 a. und b.
Damals brauchte man noch Filme, um zu fotografieren.
Deshalb konnte man kaum fotografieren, ohne vorher das Motiv sorgfältig ausgewählt zu haben.
Damals musste man die Fotos entwickeln lassen, anstatt sie gleich auf dem Display zu betrachten.

3 und **4** a., b. und c.
Bis dahin musste man die Bilder erst einscannen, um sie auf dem Computer zu speichern. Heute nutzt man Bildbearbeitungsprogramme, anstatt die Einstellungen an der Kamera ständig zu verändern. In den sozialen Netzwerken kann man seine Fotos sofort mit Freunden teilen, ohne großen Aufwand zu treiben.

6 **a.** und **b.**

Auch Handys sind geeignet, um gute Fotos zu machen.
Jane postet Fotos vom Urlaub, anstatt ihrer Freundin
eine E-Mail zu schreiben. Timo stellt seine Fotos online,
um sie mit allen Freunden zu teilen. Mirko druckt die
Fotos aus, anstatt sie im Netzwerk zu posten.

6 **a.** und **b.**

Um Fotos aufnehmen zu können, benutzte man vor 120
Jahren Glasplatten mit einer lichtempfindlichen Schicht.
Ohne sie mit Licht in Berührung kommen zu lassen,
mussten die Fotoplatten in den Fotoapparat
eingeschoben werden. Um ein gutes Foto zu bekommen,
musste der Fotograf die Platten lange belichten.

7 Vor 120 Jahren benutzte man Glasplatten mit einer
lichtempfindlichen Schicht, um Fotos aufnehmen zu
können. Die Fotoplatten mussten in den Fotoapparat
eingeschoben werden, ohne sie mit Licht in Berührung
kommen zu lassen. Der Fotograf musste die Platten
lange belichten, um ein gutes Foto zu bekommen.

2 **b.** und **c.**

Mit dem Satz „Es waren drei kleine Wörter, die das
Wunder bewirkten" (Z. 1–2) wird der Leser mitten in die
Handlung hineingeführt und neugierig auf die Geschichte
gemacht.

3 **a.** und **b.**

„kahle Bäume, Schneematsch, die Autos voller
Streusalzspritzer"
„Kein Mensch sprach."
„Zwar begegneten uns jeden Tag dieselben Gesichter,
aber wir versteckten uns lieber hinter unseren
Zeitungen."

4 **b.** Der Ich-Erzähler stellt fest, dass die Leute während
der Fahrt eigentlich keine Gespräche mit ihren Nachbarn
wünschen, denn sie „dösten zum eintönigen Rattern des
Motors in der stickigen, überheizten Luft". (Z. 10–12)

5 **c.** und **d.**
Der Ich-Erzähler sieht das alltägliche Verhalten der
Fahrgäste kritisch und schließt sich selbst dabei mit ein:
„Zwar begegneten uns jeden Tag dieselben Gesichter,
aber wir versteckten uns lieber hinter unseren
Zeitungen." (Z. 14–16)

6 **b.** (Z. 12)

1 Es war ein aufregender Vormittag. Als Freiwillige half ich
beim Halbmarathon an einem Getränkepunkt. Wir hatten
die Tische bei Kilometerstand 10 aufgebaut und zahllose
Becher bereitgestellt. Bei strahlendem Sonnenschein
warteten über 30 000 Läufer, Inline-Skater und
Rollstuhlfahrer auf den Startschuss. Nach knapp 30
Minuten erreichten die ersten schnaufenden Läufer
unseren Stand und freuten sich über ein erfrischendes
Getränk. Eine Sambagruppe spielte mitreißende
Rhythmen, viele Zuschauer tanzten und klatschten.

2 **a.**, **b.** und **c.**

Partizip I und Nomen	Verb im Infinitiv
ein aufregender Vormittag	aufregen
bei strahlendem Sonnenschein	strahlen
die ersten schnaufenden Läufer	schnaufen
ein erfrischendes Getränk	erfrischen
mitreißende Rhythmen	mitreißen

3 begeisternd, rennend, jubelnd, glänzend, schwitzend

4 Am Nachmittag halfen wir bei dem *begeisternden*
Bambini-Lauf. Viele Eltern standen am Rand und feuerten
die *rennenden* Kinder an. Das *jubelnde* Mädchen, das als
Erste ins Ziel lief, war erst neun Jahre alt. Nachdem wir
die *glänzenden* Medaillen an über 700 kleine
Sportlerinnen und Sportler verteilt hatten, machten wir
trotz der Hitze noch ein Erinnerungsfoto mit Bruno, dem
schwitzenden Maskottchen im Bärenkostüm.

5 **a.** und **b.**
Vor dem Lauf sprach Laura mit *einer teilnehmenden
Inline-Skaterin.*
Hinter der Straßensperre hörte sie *einen schimpfenden
Autofahrer.*
Auf einer Parkbank sah sie *ein lachendes Liebespaar.*
Sie zeigte *einem humpelnden Läufer* das Erste-Hilfe-Zelt.

1 „Wir sind gestern nach Hannover gefahren und haben
eine große Spielwarenfabrik besichtigt. Dort haben wir
viel über die Produktion von Brettspielen erfahren",
beginnt Jasper. Alicia hat bei dem Projekt „Jung trifft Alt"
mitgemacht. Sie berichtet: „Wir sind gestern im
Altenheim gewesen und haben dort am Sommerfest
teilgenommen. Ich habe einer älteren Frau aus meinem
Buch vorgelesen."

2

Präsens	Perfekt
wir behandeln	wir haben behandelt
wir drehen	wir haben gedreht
er/sie/es erklärt	er/sie/es hat erklärt
er/sie/es organisiert	er/sie/es hat organisiert

Präsens	Perfekt
ihr seid	ihr seid gewesen
wir sind	wir sind gewesen
du läufst	du bist gelaufen
wir gehen	wir sind gegangen

3 Wir *haben* das Thema „Gesunde Ernährung" *behandelt*. Unsere Klasse *hat* zunächst ein Frühstück *organisiert*. Danach *sind* wir zum Bäcker *gegangen* und Herr Müller *hat* uns den Unterschied zwischen industriell hergestellten Brötchen und Bäckerbrötchen *erklärt*. Wir *sind* während der Projekttage in allen Klassen *gewesen* und *haben* einen Film über unsere Schule *gedreht*.

Seite 67

1 b. und c.
es gab – geben, sie konnte – können, sie durften – dürfen, es machte – machen, sie machte – machen, sie verbrachte – verbringen, er stand – stehen, sie freuten sich – sich freuen, sie lasen vor – vorlesen, es war – sein, sie sagte – sagen

2 a. und b.
sie bearbeiten – sie bearbeiteten
sie findet – sie fand
sie sprechen – sie sprachen
er beginnt – er begann
sie drehen – sie drehten
ihr redet – ihr redetet

3 Die fünften Klassen *bearbeiteten* das Thema „Gesunde Ernährung". Der erste Projekttag *begann* mit einem gemeinsamen Frühstück. Anschließend *sprachen* sie mit dem Bäckermeister über den Unterschied zwischen industriell hergestellten und den Bäckerbrötchen. Die Abschlussklassen *drehten* einen Film über unsere Schule, der bei Eltern, Schülern und Lehrern viel Beifall *fand*.

Seite 68

1 *Markierte Verbformen im Konjunktiv II:*
könnte, fänden; gäbe, gewännen; stände, bekämen; dürfte, brächte

2

Verb im Infinitiv	Verbform im Präteritum	Verbform im Konjunktiv II
können	ich konnte	ich könnte
finden	alle fanden	alle fänden
geben	ich gab	ich gäbe
gewinnen	wir gewannen	wir gewännen
stehen	ich stand	ich stände
bekommen	ich bekam	ich bekäme
dürfen	ich durfte	ich dürfte
bringen	ich brachte	ich brächte

Seite 69

3 a. und b.
Marlene *hätte* weniger Zeit für ihre Freundinnen.
Maiks Eltern *wären* unglaublich stolz auf ihn.
Jeremy *käme* sehr viel in der Welt herum.
Katrin *träfe* andere berühmte Schauspieler.

4 a. *Diese Sätze solltest du ankreuzen:*
X Marlene arbeitete hart.
X Katrin lernte Drehbücher auswendig.

b.
Marlene würde hart arbeiten.
Maik würde gerne eine bessere Zeit laufen.
Jeremy würde Gitarrenunterricht nehmen.
Katrin würde Drehbücher auswendig lernen.

5 sie schafft – sie schaffte – sie würde schaffen
er erfüllt – er erfüllte – er würde erfüllen
er macht – er machte – er würde machen
es langweilt – es langweilte – es würde langweilen

6 *Diese Sätze könntest du geschrieben haben:*
Marlene würde es auf die Laufstege der Welt schaffen.
Maik würde sich seinen Lebenstraum erfüllen.
Jeremy würde eine Solokarriere machen.
Katrin würde das Leben als Star langweilen.

Seite 70

1 *Das könntest du geschrieben haben:*
Die Überschrift ist der Name der Aktion und bezieht sich auf die Tüten, aus denen eine lange Kette gebildet wurde.

2 a. *Diese Passivformen solltest du markieren:*
Darauf sollte im September 2014 mit der Aktion „Berlin tüt was" hingewiesen werden. Auf dem ehemaligen Flughafengelände Tempelhof in Berlin sollte dafür eine lange Kette mit Plastiktüten gebildet werden. Mit einer 9 km langen Tütenkette konnte dann ein dickes Ausrufezeichen gesetzt werden. Gewissermaßen sollte damit eine Flut von Plastiktüten dargestellt werden.

2 b. und **3**
es (sollte) hingewiesen werden
es (sollte) gebildet werden
es (konnte) gesetzt werden
es (sollte) dargestellt werden

Seite 71

5 a., b. und c.
Absicht: In Berlin sollte auch ein neuer Weltrekord aufgestellt werden.
Gelegenheit: Ein bestehender Weltrekord konnte bei der Gelegenheit übertroffen werden.

6 *Folgende Sätze könntest du geschrieben haben:*
Viele Tüten mussten gesammelt werden.
Ein Zeichen sollte gesetzt werden.
Ein neuer Rekord konnte erzielt werden.
Eine Menschenkette sollte gebildet werden.
Ein Rekord vom Timmendorfer Strand aus dem Jahr 2013 sollte übertroffen werden.

Am Timmendorfer Strand konnte eine 4,2 km lange Menschenkette gebildet werden.

7 sie müssen gesammelt werden, es soll gesetzt werden, es kann erzielt werden, sie soll gebildet werden, er soll übertroffen werden, sie kann gebildet werden

8 Viele Tüten müssen gesammelt werden. Ein Zeichen muss gesetzt werden. Ein neuer Rekord kann erzielt werden. Eine Menschenkette soll gebildet werden. Ein Rekord vom Timmendorfer Strand aus dem Jahr 2013 soll übertroffen werden. Am Timmendorfer Strand kann eine 4,2 km lange Menschenkette gebildet werden.

Seite 72

1 *Das könntest du geschrieben haben:*
Dany meint, dass man auf die richtigen Einstellungen der Privatsphäre achten soll.

2 Ich finde es wichtig, dass man die verschiedenen Bereiche der Datensicherheit auseinanderhält. In sozialen Netzwerken sollte man unbedingt auf die richtigen Einstellungen der Privatsphäre achten, weil sonst jeder deine persönlichen Dokumente einsehen kann. Und man muss so sichere Passwörter für die Online-Welt auswählen, dass Übeltäter keine Chance haben. Zu Hause ist man selbst für die Sicherheit zuständig. Daten können aber auch ausspioniert oder verändert werden, obwohl man ein Antivirenprogramm benutzt. Man sollte deshalb seinen Virenschutz immer automatisch aktualisieren lassen.

3 a. Meine persönlichen Daten gehen niemanden etwas an. Man sollte sich mehr Gedanken über die Datensicherheit machen. Mein Computer ist recht gut geschützt.

3 b. Ich denke, dass meine persönlichen Daten niemanden etwas angehen. Dany meint, dass man sich mehr Gedanken über die Datensicherheit machen sollte. Ich glaube, dass mein Computer recht gut geschützt ist.

4 a. *Diese Sätze solltest du markiert haben:*
Sie bedeuten für die Konzerne bares Geld.
Ich möchte meinen Computer schützen.
Jeder kann sonst alles lesen.

4 b. und c.
Persönliche Daten sind begehrt, weil sie für die Konzerne bares Geld bedeuten. Ich halte mein Antivirenprogramm auf dem neuesten Stand, weil ich meinen Computer schützen möchte. Die Privatsphären-Einstellungen sollte man immer anpassen, weil sonst jeder alles lesen kann.

5 a. *Diese Sätze solltest du markiert haben:*
Sie kennen den Absender der E-Mail nicht.
Sie gehen eigentlich niemanden etwas an.

5 b. und c.
Manche öffnen Dateianhänge, obwohl sie den Absender der E-Mail nicht kennen. Einige veröffentlichen ihre Adressen im Internet, obwohl sie eigentlich niemanden etwas angehen.

6 Ich weiß, dass beim Surfen im Internet persönliche Daten gesammelt werden. Beinahe hätte ich neulich einen Trojaner installiert, obwohl ich immer Virenschutz und Firewall aktiviert habe. Sichere Passwörter sind besonders wichtig, weil sie sonst leicht geknackt werden können.

Seite 74

1 b. → *Für die Aufforderungsverben und Schlüsselwörter kannst du dir jeweils einen halben Punkt anrechnen.*
Diese Aufforderungsverben solltest du markieren:
Schreibe, Schreibe nicht ab, achte auf, Erkläre, Stelle dar, Nenne, Beschreibe, Fasse zusammen, Formuliere, Notiere

Diese Schlüsselwörter könntest du markiert haben:
Schülerzeitung, informierenden Text, „Digitale Kommunikation", Materialien, eigenständige Darstellung, zusammenhängenden Text, Einleitung, Bedeutung, Jugendlichen, Beispiele, Möglichkeiten, Schlussteil, interessiert, Überschrift, Materialien

Seite 76

3 a. *Diese Schlüsselwörter könntest du markiert haben:*
M1: Digitale Kommunikation, Verständigung, Informationen, direkt austauschen, digital, Internet, technische Geräte, PCs, Tablets, Smartphones, E-Mails, Chat, soziale Netzwerke, asynchrone, synchron, Echtzeit, zwischen Menschen, Mensch und Maschine, Maschine und Maschine
M2: Aktuelles, recherchiere, sozialen Netzwerke, Daten-Flatrate, Smartphone, persönlich kenne, Sicherheitseinstellungen
M4: Kühlschrank, synchronisierte Einkaufsliste, Zentralrechner, Sicherheitsdienst, U-Bahn, Überwachung, Kontrollchip, Scanner, funkte, eingebauten Chips, richtige Kleidung, Konsumgewohnheiten, bequem

3 b. *M3:* Smartphone-Besitzer, Anstieg 2011–2013, 12–19 Jahre, Studie

4 a. mit PCs, Tablets, Smartphones; über E-Mail, Chat, soziale Netzwerke

4 b. synchrone Kommunikation: gleichzeitig, z. B. Chat
asynchrone Kommunikation: nicht gleichzeitig, z. B. E-Mail

5 Internet: sich über Aktuelles informieren, Recherche für die Schule; soziale Netzwerke: mit Freunden kommunizieren, Austausch

6 a. X etwa auf das Vierfache

6 b. 2013 besaßen über 70 Prozent der 14- bis 15-Jährigen und ungefähr 80 Prozent der 18- bis 19- Jährigen ein Smartphone.

7 *So könnte deine Lösung aussehen:*
Vorteile: Handy-Ticket, Kontrollchip für Gesundheit, automatisch, bequem
Nachteile: „vorlaute" Geräte, Überwachung, Speichern der Konsumgewohnheiten

Seite 77

1 *So könnte deine Einleitung lauten:*
Warum ist digitale Kommunikation so wichtig geworden? Und was ist das überhaupt? Unter digitaler Kommunikation versteht man den Austausch von Informationen mit Hilfe technischer Geräte wie PCs oder Smartphones. Sie kann synchron (gleichzeitig) stattfinden, wie beim Chatten, oder asynchron (nicht gleichzeitig), wie beim E-Mail-Verkehr.

2 *So könnte dein Hauptteil lauten:*
Für Jugendliche hat die digitale Kommunikation heutzutage eine große Bedeutung. Zum Beispiel ist zwischen 2011 und 2013 der Anteil der Smartphone-Besitzer im Alter von 11 bis 12 Jahren auf das Vierfache angestiegen. Bei den 18- bis 19-Jährigen besitzen mittlerweile etwa 80 Prozent ein Smartphone. Es gibt verschiedene Möglichkeiten, digital zu kommunizieren. Während Jugendliche das Internet häufig dafür nutzen, sich zu informieren und für die Schule zu recherchieren, wird in den sozialen Netzwerken in der Regel mit Freunden kommuniziert.
In der nahen Zukunft wird die digitale Kommunikation wahrscheinlich eine noch größere Rolle im Alltag spielen. Auch Maschinen können dann untereinander immer mehr Daten austauschen. Zum Beispiel ist es schon heute möglich, elektronische Tickets für den öffentlichen Nahverkehr auf dem Handy zu speichern. Auch Kühlschränke, die fehlende Lebensmittel melden, gibt es bereits, genauso wie Armbanduhren, die Puls und Blutdruck überwachen. Diese digitalen Möglichkeiten sind einerseits sehr praktisch und bequem. Andererseits wird man von den Maschinen kontrolliert und weiß nicht immer, was mit den Daten geschieht.

3 *So könnte dein Schluss lauten:*
Die digitale Kommunikation hat in den letzten Jahren immer mehr zugenommen. Diese Entwicklung wird sich sicher auch in Zukunft fortsetzen. Interessant finde ich die Vorstellung, dass wir die alltägliche Kommunikation mit Maschinen in Zukunft für genauso normal halten werden, wie Jens es in der Geschichte erlebt.

4 *So könnte deine Überschrift lauten:*
Digitale Kommunikation – Entwicklung und Zukunft

5 Ich habe die Materialien M1, M2, M3 und M4 benutzt.

Seite 78

1 b. → *Für die Aufforderungsverben und Schlüsselwörter kannst du dir jeweils einen halben Punkt anrechnen.*
Diese Aufforderungsverben solltest du markieren:
Schreibe, Nimm Stellung, Nenne, formuliere, Begründe, belege, beziehe dich auf, entkräfte, Formuliere

Diese Schlüsselwörter könntest du markiert haben:
Leserbrief, Internetseite der Schule, Video-Überwachung, Einleitung, Meinung, Argumente, Beispielen, Gegenargument, Schlussfolgerung

Seite 79

2 b. *So könnte deine Lösung aussehen:*
In dem Text geht es um die Frage, ob eine Video-Überwachung in Schulen sinnvoll ist oder nicht.

3 X die Ein- und Ausgänge
X der Pausenhof
X der Parkplatz

4 a. *Diese Argumente solltest du grün markieren:*
Dadurch sollen Sachbeschädigungen und Diebstähle in den Schulen verhindert werden. Viele Schülerinnen und Schüler sagen, dass sie sich durch eine Video-Überwachung sicherer an ihrer Schule fühlen würden. Kameraaufnahmen könnten Täter entlarven, die mutwillig Inventar zerstören oder einen Diebstahl begehen. Die Aufklärungsrate könnte deutlich erhöht werden. So würde die hohe Zahl an gestohlenen Fahrrädern und Motorrollern wahrscheinlich zurückgehen. Außerdem würden (...) Videokameras auf mögliche Täter abschreckend wirken.

4 b. *Diese Argumente solltest du rot markieren:*
Schulen sollten nicht zu „Sicherheitsburgen" gemacht werden, in denen jeder verdächtig sei und alle ständig beobachtet würden. In einer solchen Atmosphäre könne man sich nicht mehr frei entfalten. Schulen seien öffentliche Einrichtungen, in denen sich niemand überwacht oder verdächtigt fühlen sollte. Außerdem sind sie der Auffassung, dass eine Überwachung mit technischen Geräten und Personal sehr teuer sei und dieses Geld besser anders investiert werden sollte, z. B. in Sanitäranlagen oder Turnhallen.

6 a. und b. *So könnte die Lösung aussehen:*

Argumente <u>für</u> Video-Überwachung	Argumente <u>gegen</u> Video-Überwachung
Sachbeschädigung und Diebstähle verhindern	Schulen keine Sicherheitsburgen
Schüler fühlen sich sicherer	keine Möglichkeit zur freien Entfaltung
höhere Aufklärungsrate	Niemand soll sich überwacht oder verdächtigt fühlen.
Rückgang der Fahrraddiebstähle	Überwachung teuer
Abschreckung	Geld lieber anders investieren
eigenes Argument: Verhinderung von Mobbing durch Überwachung	*eigenes Argument:* mögliche Täter umgehen Video-Kameras

Seite 80

7 *So könnte deine Lösung lauten:*
1) Schulen: Möglichkeit bieten, sich frei zu entfalten
2) Schulen keine Sicherheitsburgen
3) Geld besser für Modernisierungen

8 a. und b. *So sollte deine Lösung lauten:*

	dafür	dagegen
An der Schule meiner Cousine wurden Videokameras installiert. (...)	X	
Unsere Schule hat über 20 Eingänge. (...)		X
Videokameras gibt es schon in vielen Kaufhäusern und auf öffentlichen Plätzen. (...)		X
Ich habe gelesen, dass es an vielen Schulen in England Video-Überwachung gibt. (...)	X	
An unserer Schule haben Mobbing und Prügeleien durch die Video-Überwachung stark abgenommen.	X	
Das Dach unserer Turnhalle muss dringend repariert werden, das ist wichtiger als Video-Überwachung.		X

9 a. und b. *So könnte deine Lösung lauten:*
- Verhinderung von Sachbeschädigung durch Abschreckung
- Manche Schüler meinen, dass Videokameras auf mögliche Täter abschreckend wirken. Ich bin jedoch der Ansicht, dass Videokameras vor allem die Atmosphäre für uns Schülerinnen und Schüler negativ beeinflusst.

Seite 81

10 *So könnte deine Einleitung lauten:*
Wie ihr wisst, wird seit einiger Zeit darüber diskutiert, ob auf unserem Schulhof und an den Schuleingängen Kameras installiert werden sollen. Ich bin gegen die Video-Überwachung, weil ich sie für teuer und sinnlos halte.

11 *So könnte dein Hauptteil lauten:*
Die Schule soll ein Ort sein, an dem sich die Schülerinnen und Schüler frei entfalten und ungezwungen lernen können. Sie darf und kann keine Sicherheitsburg sein. Beispielsweise ist es kaum möglich, die 20 Eingänge unserer Schule mit Kameras zu überwachen. Meiner Meinung nach kann das Geld besser für die Renovierung und Ausstattung unserer Schule ausgegeben werden. Ich möchte z. B. daran erinnern, dass unsere Sporthalle dringend ein neues Dach benötigt, damit es nicht mehr durchregnet. Die Befürworter der Video-Überwachung meinen, dass Kameras auf mögliche Täter abschreckend wirken. Ich bin jedoch der Ansicht, dass Videokameras vor allem die Atmosphäre für uns Schülerinnen und Schüler negativ beeinflussen.

12 *So könnte dein Schluss lauten:*
Eine umfassende Video-Überwachung kann meiner Meinung nach nicht die angesprochenen Probleme in der Schule lösen. Wir sollten das Geld für sinnvolle Dinge ausgeben, die uns Schülerinnen und Schülern wirklich nützen.

Seite 82

1 b. → *Für die Aufforderungsverben und Schlüsselwörter kannst du dir jeweils einen halben Punkt anrechnen. Diese Aufforderungsverben solltest du markieren:*
Lies, Schreibe, Analysiere, Gehe vor, Schreibe, Nenne, Schreibe, Fasse zusammen, Schreibe, Analysiere, Beachte, Untersuche, Belege

Diese Schlüsselwörter könntest du markiert haben:
Kurzgeschichte, „Ein Tag Warten", Ernest Hemingway, Einleitung, Titel, Autors, Inhaltsangabe, Verhalten der Figuren, Verhältnis, Erzählperspektive, Merkmale

Seite 84

3 *So könnte deine Antwort lauten:*
Ich verstehe nicht, warum der Junge dem Vater nicht viel früher erzählt hat, dass er befürchtet zu sterben.

4 X In der Geschichte geht es um einen Jungen, der mit einer Grippe im Bett liegt.

5 a. *Das könntest du markiert haben:*
Zimmer (Zeile 1), am Feuer (Zeile 10), am Fußende des Bettes (Zeile 36), Zu Haus (Zeile 48)

5 b. *So könnte deine Antwort lauten:*
Die Geschichte spielt in dem Haus, in dem der Junge mit seiner Familie wohnt.

6 ein neunjähriger Junge, sein Vater

Seite 85

7 a. X Die Geschichte erzählt ein Ich-Erzähler, der selbst Teil der Handlung ist.

7 b. *So könnte deine Antwort lauten:*
„Als ich ihm die Hand auf die Stirn legte, wusste ich, dass er Fieber hatte." (Zeile 12)

8 a. X der Vater

8 b. *So sollte deine Antwort lauten:*
„Papa, du brauchst nicht hier bei mir zu bleiben, wenn es dir unangenehm ist." (Zeilen 43–44)

9 b. *Diese Textstellen könntest du markiert haben:*
„Was ist los, Schatz?" (Zeile 5)
Als ich ihm die Hand auf die Stirn legte, wusste ich, dass er Fieber hatte. (Zeile 12)
„Du gehst rauf ins Bett", sagte ich. „Du bist krank." (Zeile 13)

10 b. *Diese Textstellen könntest du markiert haben:*
Als ich wieder ins Zimmer kam, schrieb ich die Temperatur des Jungen auf und notierte, wann man ihm die verschiedenen Medikamente geben sollte. (Zeilen 25–26)
Ich las ihm aus Howard Pyles Piratenbuch vor, aber ich sah, dass er nicht bei der Sache war. (Zeilen 32–33)
Ich saß am Fußende des Bettes und las für mich, während ich darauf wartete, dass es Zeit war, ihm wieder ein Pulver zu geben. (Zeilen 36–38)

11 **b.** *Diese Textstellen könntest du markiert haben:*
Er lag reglos im Bett und schien gleichgültig gegen alles, was vorging. (Zeilen 30–31)
Normalerweise hätte er einschlafen müssen, aber als ich aufblickte, blickte er das Fußende des Bettes an und hatte einen seltsamen Ausdruck im Gesicht. (Zeilen 39–40)
Nach einer Weile sagte er zu mir: „Papa, du brauchst nicht hier bei mir zu bleiben, wenn es dir unangenehm ist." (Zeilen 43–44)

12 **a.** *Diese Textstellen könntest du markiert haben:*
Ich dachte, dass er vielleicht ein bisschen wirr sei, und nachdem ich ihm um elf das verschriebene Pulver gegeben hatte, ging ich eine Weile aus. (Zeilen 46–47)
Er nahm sich offensichtlich wegen irgendetwas schrecklich zusammen. (Zeilen 61–62)

12 **b.** *So könnte deine Antwort lauten:*
Der Vater spürt, dass den Sohn etwas beschäftigt, er kann sich aber nicht erklären, was es ist. Er macht sich vermutlich mehr Sorgen um das ungewöhnliche Verhalten des Sohnes als um dessen Krankheit.

Seite 86

13 **a.** *Diese Textstellen könntest du markiert haben:*
„Bist du sicher?" (Zeile 80)
Aber die Starre verschwand langsam aus seinem auf das Fußende seines Bettes gerichteten Blick; auch seine Verkrampftheit ließ schließlich nach und war am nächsten Tag fast ganz weg, und er weinte wegen Kleinigkeiten los, die ganz unwichtig waren. (Zeilen 84–86)

13 **b.** *So könnte deine Antwort lauten:*
Weil der Sohn fest damit gerechnet hat, sterben zu müssen, kann er die Erklärung des Vaters zuerst nicht glauben. Schließlich entspannt er sich.

14 **a.** *Diese Textstelle könntest du markiert haben:*
Der Junge hat den ganzen Tag auf seinen Tod gewartet, bis das Missverständnis aufgeklärt wird.

15 **a.** und **b.** *So könnte deine Lösung lauten:*
X plötzlich mittendrin
Die Geschichte beginnt damit, dass der Junge ins Zimmer kommt und das Fenster schließt. Man befindet sich sofort mitten im Geschehen.
X ein alltägliches Geschehen
Es geht darum, dass der Junge krank geworden ist und im Bett bleiben muss, also um ein alltägliches Geschehen.
X ein kurzer Ausschnitt aus dem Leben
Es wird nur von einem Tag aus dem Leben von Vater und Sohn erzählt.
X ein entscheidender Moment – ein Wendepunkt
„Um wie viel Uhr glaubst du, dass ich sterben werde?", fragte er. „Was?" „Wie lange dauert es noch ungefähr, bis ich sterbe?" „Aber du stirbst doch nicht. Was ist denn los mit dir?" (Zeilen 68–71)
X offenes Ende
Der Leser erfährt am Ende nicht, ob und wann der Junge wieder gesund wird.

Seite 87

1 **a.** und **b.** *So könnte deine Einleitung lauten:*
In der Kurzgeschichte „Ein Tag Warten" von Ernest Hemingway geht es um einen Vater und seinen Sohn, der eine Grippe hat. Der Junge glaubt aber den ganzen Tag, dass er sterben muss.

2 *So könnten deine Stichworte aussehen:*
– im Zimmer, Erkältung, Vater sorgt sich, Doktor, Temperatur, Missverständnis, Aufklärung
– Ich-Erzähler, der Teil der Handlung ist; Vater
– Vater besorgt, Sohn verhält sich in seinen Augen seltsam
– Alle fünf Merkmale treffen auf die Geschichte zu.

3 *So könnte dein Hauptteil lauten:*
Zu Beginn der Geschichte bemerkt der Ich-Erzähler, dass sein Sohn Fieber hat. Der Doktor misst bei dem Jungen eine Temperatur von hundertundzwei und verschreibt Medikamente. Der Vater kümmert sich um seinen kranken Sohn, der fiebrig und teilnahmslos im Bett liegt. Am Ende stellt sich heraus, dass der Junge den ganzen Tag fürchtet zu sterben, weil er den Unterschied zwischen Fahrenheit und Celsius nicht kennt.
Die Geschichte wird in der Ich-Form aus der Perspektive des Vaters erzählt. Der Vater versorgt seinen Sohn, so wie es bei einer Grippe üblich ist, gibt ihm die Medikamente und liest ihm etwas vor. Dabei wundert er sich aber über das Verhalten des Jungen:
„Normalerweise hätte er einschlafen müssen, aber als ich aufblickte, blickte er das Fußende des Bettes an und hatte einen seltsamen Ausdruck im Gesicht." (Z. 39–40) Auch die Äußerungen des Sohnes kommen dem Vater seltsam vor, aber er fragt nicht nach, sondern schiebt es auf das Fieber. „Ich dachte, dass er vielleicht ein bisschen wirr sei ..." (Z. 46). Erst in dem Moment, als der Junge fragt, wann er denn wohl sterben müsse (Zeile 70), versteht der Vater – und mit ihm auch der Leser – die Angst des Sohnes. Nachdem der Vater das Missverständnis aufgeklärt hat, entspannt sich der Junge und verhält sich wieder wie ein normales krankes Kind: „... auch seine Verkrampftheit ließ schließlich nach und war am nächsten Tag fast ganz weg und er weinte wegen Kleinigkeiten los, die ganz unwichtig waren." (Z. 85–86) Alle fünf Merkmale einer Kurzgeschichte treffen auf die Geschichte zu: Der Leser befindet sich unmittelbar in einem eigentlich alltäglichen Geschehen, das nur einen kurzen Lebensausschnitt umfasst, nämlich den ersten Tag der Erkrankung des Jungen. Der Wendepunkt für die Hauptfiguren und für den Leser ist der Moment, als das Missverständnis ausgesprochen und dadurch aufgeklärt werden kann.

4 *So könnte deine Antwort lauten:*
Die Geschichte hat mir gut gefallen. Weil sie aus der Sicht des Vaters erzählt wird, ist das Verhalten des Sohnes auch für den Leser anfangs rätselhaft. Der Leser erfährt nur etwas über die Gedanken des Vaters, aber nicht über die des Sohnes. Deshalb bleibt die Geschichte spannend, obwohl nicht viel passiert.

Grundausgabe
Nordrhein-Westfalen

Doppel-Klick

Das Arbeitsheft
+ Sprachförderung

9

Herausgegeben von
Werner Bentin

Erarbeitet von
Angela Adhikari, Werner Bentin, Susanne El-Gindi, Sandra Heidmann-Weiß,
Christine Roock, Matthias Scholz, Isabel Tebarth, Renate Teepe

DOPPEL-KLICK

DAS ARBEITSHEFT ✛ SPRACHFÖRDERUNG

Grammatik

Fehler vermeiden

Verben verwenden

Satzgefüge verwenden

Lernerfolgskontrolle – Prüfung

Wissenswertes auf einen Blick

findest du auf den Umschlagseiten vorn und hinten in diesem Arbeitsheft.

Mit den Übungen und Kapiteln dieses Arbeitsheftes werden **die schriftlichen Klassenarbeiten und Prüfungen in Klasse 9** vorbereitet.
Dabei werden folgende **Kompetenzen** trainiert:

Typ 2: Informierendes Schreiben

- in einem funktionalen Zusammenhang sachlich berichten oder beschreiben
- auf der Basis von Materialien einen informativen Text verfassen
➔ Einen informierenden Text schreiben   S. 15–21, 74–77

Typ 3: Argumentierendes Schreiben

- eine Argumentation zu einem Sachverhalt verfassen
➔ Schriftlich Stellung nehmen   S. 23–28, 78–81

Typ 4: Analysierendes Schreiben

4 a) einen Sachtext oder literarischen Text analysieren
4 b) durch Aufgaben geleitet aus diskontinuierlichen Texten Informationen ermitteln
➔ Texte lesen und verstehen   S. 5–9
➔ Eine Kurzgeschichte analysieren   S. 30–37, 82–87
➔ Ein Gedicht analysieren   S. 39–43

Typ 5: Überarbeitendes Schreiben

- einen fremden Text überarbeiten
➔ Die Bewerbung vorbereiten   S. 45–48

Typ 6: Produktionsorientiertes Schreiben

- produktionsorientiert zu Texten schreiben
➔ Eine Geschichte weiterschreiben   S. 37

Die Konjunktionen entweder ... oder und sowohl ... als auch

Was wählst du aus? Mit den Konjunktionen sagst du es genau.

Ein Schokoladenrezept für zu Hause

Es gibt viele Möglichkeiten für deine selbst gemachte Schokolade: Bringe entweder 100 g Kakaobutter oder die gleiche Menge Kokosfett in einem Wasserbad zum Schmelzen. Gib in das geschmolzene Fett sowohl 40 g Kakaopulver als auch ein wenig
5 Vanillezucker. Auch eine Prise Salz gehört hinein. Süßen kannst du entweder mit 80 g Puderzucker oder mit 50 g Honig. Achte darauf, dass die Masse nicht heißer wird als 40 Grad. Am Ende gibst du entweder Nüsse oder getrocknete Früchte dazu. Auch Cornflakes passen gut zur Schokolade. Die flüssige Schokolade gießt du
10 in eine Form und lässt sie kalt werden. Die Schokolade kann man sowohl selbst essen als auch verschenken.

1 Im Text kommen die zweiteiligen Konjunktionen **entweder ... oder** und **sowohl ... als auch** vor.
   a. Finde die Konjunktionen. Markiere beide Teile.
   b. Markiere auch die Wortgruppen, auf die sich die beiden Konjunktionen beziehen.
   Tipp: Ein Beispiel ist bereits markiert.

2 a. Schreibe die Konjunktionen aus dem Text in die Tabelle.
   b. Schreibe die markierten Wortgruppen dazu.

> **Merkwissen**
>
> **Entweder ... oder** drückt aus, dass es eine Auswahl gibt. Dabei entscheidet man sich für *das Eine oder das Andere*. **Sowohl ... als auch** ist eine verbindende Konjunktion und ersetzt in vielen Fällen die Konjunktion **und**.

Konjunktion	Bezugswörter	Konjunktion	Bezugswörter
entweder	100 g Kakaobutter	oder	die gleiche Menge Kokosfett

3 Ergänze in den Sätzen die Konjunktionen **sowohl ... als auch** und **entweder ... oder**.

Das Training findet ___entweder___ auf dem neuen Sportplatz ___oder___ in der Halle statt.

Hanna mag _____ Schokolade _____ Popcorn.

Wir verbringen die Herbstferien _____ an der Ostsee _____ zu Hause.

Morgen fahre ich _____ mit dem Bus _____ mit dem Fahrrad.

Im Zoo gibt es _____ Wildtiere _____ Nutztiere.

Der Textknacker

Der Sachtext auf den folgenden Seiten informiert dich über den Anbau von Ölpalmen in Regenwaldgebieten. Mit dem Textknacker knackst du den Text.

Der Sachtext ist in zwei Teile gegliedert.

Bearbeite folgende Textknackeraufgabe:
- Lies den Teil 1 des Textes.
- **?** Beantworte diese Fragen:
  - Welche Probleme treten beim Anbau von Ölpalmen auf?
  - Wodurch werden sie verursacht?
- Veranschauliche deine Antworten in einer Mindmap.

Z Du kannst zusätzlich diese Aufgabe bearbeiten:
- Lies auch den Teil 2 des Textes.
- Nimm Stellung zu dieser Frage:
  Löst ein ökologischer Anbau von Ölpalmen die Probleme der Palmölgewinnung?

1. Schritt: Vor dem Lesen

1 a. Sieh dir den Sachtext auf den Seiten 6 und 7 als Ganzes an.
  - Worauf fällt dein Blick als Erstes?
  - Was ist auf den Bildern dargestellt?
  - Wie heißt die Überschrift?
  b. Worum geht es vermutlich? Schreibe es auf.

> 1. Vor dem Lesen
> 2. Das erste Lesen
> 3. Den Text genau lesen
> 4. Nach dem Lesen

In dem Text geht es vermutlich

2. Schritt: Das erste Lesen

2 a. Überfliege den Sachtext oder lies ihn einmal still.
  b. Überprüfe deine Vermutung aus Aufgabe 1.
  c. Was könntest du an dem Sachtext interessant finden? Welche Fragen hast du? Schreibe Stichworte und Fragen auf.

3. Schritt: Den Text genau lesen

3 Lies den Sachtext nun genau und in Ruhe.
  Tipp: Zum Text gehören auch die Bilder und die Grafiken.

Palmöl – eine Gefahr für den Regenwald?

Teil 1

Frucht der Ölpalme

1 Palmöl steckt in jedem zweiten Produkt, das im Supermarkt angeboten wird, z. B. in Pizza, Eiscreme, Schokolade, Tütensuppen und Kindernahrung. Auch in Kosmetika, Seife, Waschmitteln und Kerzen ist es enthalten. Jährlich werden über 50 Millionen Tonnen[1] Palmöl produziert. Es ist billig herzustellen,
5 denn die Ölfrüchte wachsen schnell nach. Aber nicht nur für Lebensmittel, Körperpflegeprodukte und Waschmittel wird Palmöl verwendet. In Europa und in den USA wird es auch für die Strom- und Wärmeproduktion sowie als Biotreibstoff[2] in Kraftfahrzeugen eingesetzt.

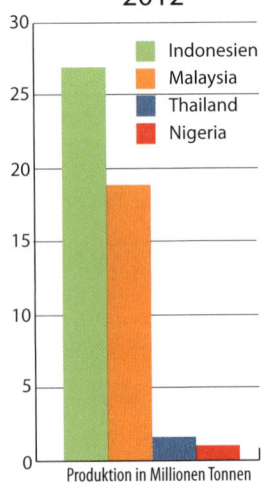

Palmölproduktion 2012

Indonesien
Malaysia
Thailand
Nigeria

Produktion in Millionen Tonnen

2 Palmöl ist das meistgenutzte Pflanzenöl auf der Welt. Gewonnen wird es
10 aus den Früchten der Ölpalme. Sie enthalten eine orangefarbene Flüssigkeit, die nach Veilchen duftet und leicht süßlich schmeckt. Die Ölpalmen gedeihen im tropischen Klima und werden überwiegend in Indonesien und Malaysia angebaut, weltweit auf einer Fläche von zwölf Millionen Hektar[3]. Dies entspricht einem Drittel der Größe Deutschlands. Auf der Insel Borneo,
15 deren Süden zu Indonesien und deren Norden zu Malaysia gehört, wurden zum Beispiel 27 % des in den Jahren 2007 und 2008 gerodeten Regenwaldes in Palmölplantagen umgewandelt. Dichter Waldbestand mit vielfältigen Pflanzen wurde dafür gefällt oder abgebrannt. Zahlreiche Tierarten verloren ihren Lebensraum, z. B. Orang-Utans und Tiger, die heute schon vom
20 Aussterben bedroht sind. In den Gebieten mit schnurgeraden Monokulturen[4] finden sie keinen Platz mehr zum Leben.

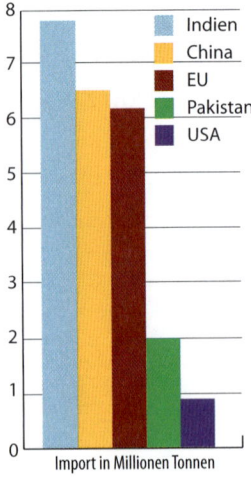

Palmölimport 2012

Indien
China
EU
Pakistan
USA

Import in Millionen Tonnen

3 In den Plantagen werden zudem Dünger und Pestizide[5] eingesetzt, um möglichst hohe Erträge zu erzielen. Durch den Regen gelangen die Pestizide ins Grundwasser und in die Flüsse. Die Monokulturen bringen aber auch für
25 die Betreiber und Plantagenbesitzer Nachteile mit sich: Ohne den Schatten hoher Bäume trocknet der Boden schnell aus und durch die Wassermassen in der Regenzeit kommt es zu Bodenerosionen. Das Regenwasser kann nicht mehr versickern und spült den fruchtbaren Boden mit sich fort.

[1] **1 Tonne:** 1000 kg
[2] **der Biotreibstoff:** z. B. Biodiesel, wird aus pflanzlichen Ölen gewonnen
[3] **1 Hektar (ha):** eine Fläche von 10 000 m². Ein Quadratkilometer umfasst 100 ha.
[4] **die Monokultur:** der Anbau von immer derselben Pflanzenart auf derselben Fläche
[5] **das Pestizid:** das Schädlingsbekämpfungsmittel

(Quelle: OVID Verband der ölsaatenverarbeitenden Industrie in Deutschland e. V. 2013)

Gerodeter Regenwald
auf Borneo

4 Die Nachfrage nach Palmöl steigt sowohl für die Produktion
30 von Lebensmitteln als auch für die Gewinnung von Energie weiter stark an.
Die Palmölplantagen verdrängen also weiterhin wertvolle Regenwaldflächen,
zum Teil durch Brandrodung. Dadurch entsteht ein weiteres Problem:
Regenwald wächst auf Torfböden und Torf ist brennbar. Also werden durch
die Brandrodung große Mengen an schädlichen Treibhausgasen freigesetzt
35 – mit negativen Folgen für das Klima auf der Erde.

Ölpalmenplantage auf Borneo

5 Mittlerweile wird jedoch immer mehr über eine nachhaltige
Bewirtschaftung der Ölpalmenplantagen nachgedacht, in der auch
die Regenwälder erhalten bleiben. Eine Möglichkeit dafür ist die Kombination
mit anderen Nutzpflanzen, um den Boden vor Erosion zu schützen und
40 das Wachstum von Unkraut zu vermindern. Wenn die Palmen eine gewisse
Höhe erreicht haben, werden Süßgräser gepflanzt, die dann von Rindern
abgegrast werden. Die Kehrseite dieses Vorgehens: Die Erträge an Ölfrüchten
fallen geringer aus, Nährstoff- und Wasserverbrauch erhöhen sich. Lösungen
scheinen also schwierig zu sein.

Du liest den Teil 2, wenn du zusätzlich die Z-Aufgabe bearbeitest.

z **Teil 2**

Nachhaltig angelegte
Plantage

45 6 Als gelungenes Beispiel für einen nachhaltigen Ölpalmenanbau wird
häufig das Unternehmen Daabon Organic in Kolumbien genannt. Dort wird
z. B. der Boden unterhalb der Palmen durch eine Krautschicht gegen Erosion
geschützt. Die Palmen werden erst nach etwa 20 Jahren gefällt, denn die
älteren Palmen bieten durch ihre ausladenden Kronen reichlich Schatten.
50 Tiere können so geeigneten Lebensraum finden. Das Unternehmen bietet
zudem den Beschäftigten feste Arbeitsverträge und damit ein geregeltes
Einkommen. Aber auf Grund der weltweit steigenden Nachfrage nach
Palmöl könnte auch Daabon Organic seine Anbauflächen erweitern wollen.
Und dies könnte auf Kosten der Menschen gehen, die dort leben. Denn bei
55 der Erschließung neuer Anbauflächen in anderen Regionen werden
regelmäßig die Landrechte der Kleinbauern und der einheimischen
Bevölkerung missachtet. Auch der hohe Wasserverbrauch der Ölpalmen ist
nach wie vor ein Problem. Weil das natürliche Wasser nicht ausreicht, werden
auch Grundwasservorräte genutzt, wodurch der Grundwasserspiegel sinkt.
60 In der Folge steht den angestammten Bauern für ihre Felder nicht mehr
genügend Wasser zur Verfügung.

Weiter mit dem 3. Schritt: Den Text genau lesen

Absätze gliedern den Text.
Was in einem Abschnitt steht, gehört inhaltlich zusammen.

4 Schreibe über jeden Absatz eine passende Zwischenüberschrift.

Schlüsselwörter sind zum Verstehen besonders wichtig.
Im ersten Absatz sind die Schlüsselwörter hervorgehoben.

5 Finde auch in den anderen Absätzen Schlüsselwörter. Markiere sie im Text.

Manche Wörter werden im Text oder unter dem Text erklärt.

6 Im Absatz **3** wird das Wort „Bodenerosion" im Text erklärt.
Schreibe eine Erklärung mit eigenen Worten auf.
Tipp: Nutze zusätzlich den Lexikoneintrag am Rand.

> Erosion, die (lat.),
> die Erosionen:
> 1. zerstörende Wirkung
> auf die Erdoberfläche, z. B.
> durch Eis, Wind oder Wasser
> 2. Gewebeschaden an der
> Haut, an Schleimhäuten oder
> am Zahnschmelz

7 Welche fünf Wörter werden unten auf Seite 6 erklärt?
   a. Schreibe sie untereinander auf.
   b. In welchen Sätzen kommen die Wörter vor? Markiere sie im Text.
   c. Lies die Erklärungen unter dem Text genau.
   d. Schreibe die Erklärungen neben die Wörter.
   Tipp: Wenn du ein weiteres Wort nicht verstehst, schlage es im Wörterbuch nach.

8 Was bedeutet „nachhaltige Bewirtschaftung"?
   a. Lies noch einmal den Absatz **5**.
   b. Erkläre den Begriff „nachhaltige Bewirtschaftung" mit eigenen Worten.

Zum Text gehören auch zwei Grafiken. Sie geben zusätzliche Informationen.

9 Sieh dir die Grafiken auf Seite 6 an.
   a. Lies die Überschriften der Grafiken.
   b. Zu welchen Textstellen in den Absätzen **1** und **2** passen die Informationen der Grafiken? Markiere sie im Text.

10 Sieh dir die beiden Grafiken genauer an.
   • Was zeigen die Säulen an?
   • Welche Informationen erhältst du über die Produktion und über den Import (die Einfuhr) von Palmöl? Schreibe die Informationen auf.

Produktion:
_____
_____
_____

Import:
_____
_____
_____
_____

4. Schritt: Nach dem Lesen

Du veranschaulichst deine Ergebnisse mit Hilfe einer Mindmap.

11 Welche Probleme treten beim Anbau von Ölpalmen auf? Wodurch werden sie verursacht?
   a. Lies noch einmal deine Schlüsselwörter und die Ergebnisse zu den Aufgaben 4 bis 10.
   b. Übertrage die Mindmap auf ein DIN-A4-Blatt.
   c. Ergänze sie mit deinen Informationen.

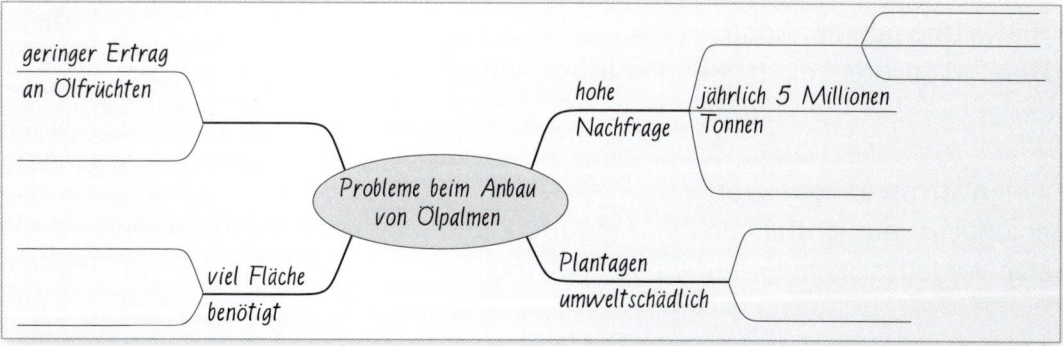

Z 12 Nimm Stellung zu dieser Frage: Löst der nachhaltige Anbau von Ölpalmen die Probleme der Palmölgewinnung?
   a. Beziehe dich auf den Teil 2 des Textes.
   b. Begründe deine Meinung in einem kurzen zusammenhängenden Text. Schreibe in dein Heft.

Stichworte notieren

Sachtexte enthalten oft viele Informationen. Mit Hilfe von Stichworten kannst du die Informationen ordnen und in knapper Form notieren.

Kakaofrucht mit Kakaobohnen

Der Kakaobaum

Der Kakaobaum ist mit 20 Arten in den Tropenwäldern Amerikas vertreten. Er ist ein kleiner, vier bis zehn Meter hoher Baum mit horizontal abstehenden Ästen, die eine dichte Krone bilden. Seine immergrünen
5 Blätter sind circa 30 Zentimeter lang, von glänzend dunkelgrüner Farbe. Die circa ein Zentimeter großen, gelblichen Blüten mit fünf Blütenblättern entstehen das ganze Jahr über am blattlosen Stamm des Baumes. Die Blüten öffnen sich nur für wenige Stunden und
10 werden während dieser Zeit von Läusen und Ameisen bestäubt. Nach der Befruchtung dauert es circa sechs Monate, bis die Kakaofrüchte ausgereift sind. Es bilden sich die 15 bis 20 Zentimeter langen Früchte, darin liegen 25 bis 60 Kakaobohnen.

1 Worüber informiert der Sachtext?
Schreibe einen Satz auf.

Den einzelnen Informationen kannst du Teilthemen zuordnen.

2 Worüber informiert der Sachtext im Einzelnen?
   a. Lies die Teilthemen am Rand.
   b. Markiere im Sachtext die passenden Informationen
      mit der entsprechenden Farbe.

3 Bereite einen Stichwortzettel vor.
Schreibe zunächst die Teilthemen aus Aufgabe 2 untereinander auf die Schreibzeilen.
Tipp: Setze vor jedes Stichwort einen Spiegelstrich.

> **Teilthemen**
> Heimat:
> Größe:
> Blätter:
> Blüten:
> Bestäubung:
> Früchte:

Der Kakaobaum

- Heimat:

Stichworte helfen dir, Informationen schnell und platzsparend zu notieren.
So kannst du vorgehen:

Tipp 1: Verwende Ziffern, zum Beispiel „2" statt „zwei".

4 Schreibe die ausgeschriebenen Zahlen als Ziffern auf.

vier bis zehn Meter: _____ *m* ein Zentimeter: _____ *cm*

fünf Blütenblätter: _____

Tipp 2: Verwende Abkürzungen, zum Beispiel „Std." statt „Stunden".

5 Schreibe die hervorgehobenen Wörter als Abkürzungen auf.

für wenige **Stunden**: _____   **zum Beispiel**: _____

circa 30 Zentimeter: _____   **zum Teil**: _____

auf **Seite** 1: _____   Läuse, Ameisen **und so weiter**: _____

> Std.
> z. B.
> ca.
> z. T.
> S.
> usw.

Tipp 3: Verwende einen Pfeil →, wenn etwas zeitlich oder logisch folgt.

6 Ergänze die hervorgehobenen Stichworte auf der Schreiblinie.
Kennzeichne die zeitliche Abfolge mit einem Pfeil.

Nach der **Befruchtung** dauert es **circa sechs Monate**, bis die **Kakaofrüchte ausgereift** sind.

Befruchtung → ca. 6 Monate   Kakaofrüchte _____

Tipp 4: Verwende die Grundform, wo es möglich ist.

7 Ergänze in den folgenden Stichworten die Adjektive in der Grundform.

Blätter von glänzend **dunkelgrün**er Farbe – *Blätter: glänzen* _____

große, **gelb**liche Blüten – *Blüten:* _____

15 bis 20 Zentimeter **lang**e Früchte – *Früchte:* _____

Tipp 5: Lass die Artikel bei den Nomen weg.

8 **a.** Streiche den Artikel durch.
b. Formuliere Stichworte.

Die Blüten öffnen sich nur für wenige Stunden.

_____

9 Ergänze deinen Stichwortzettel aus Aufgabe 3.
Schreibe zu jedem Teilthema Stichworte auf.
Nutze deine Ergebnisse aus den Aufgaben 4 bis 8.

Der Aufgabenknacker

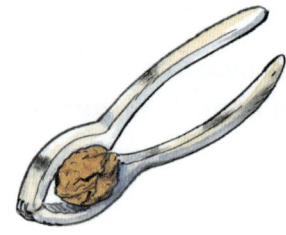

Bevor du eine Aufgabe löst, musst du sie genau analysieren.

1. Schritt: Du liest die Aufgabe genau.

1 Lies die Aufgabe und die Einleitung mehrmals in Ruhe und Satz für Satz.

> Die Klasse 9b hat zum Thema „Moderne elektronische Medien"
> eine Ausstellung gestaltet. Die Besucher sollen in einem Flyer
> wichtige Informationen zu dem Thema bekommen.
>
> **Aufgabe:** Verfasse auf der Grundlage der Materialien M 1 bis M 5
> einen informierenden Text über die Nutzung moderner Medien.
> Schreibe nicht einfach aus den Materialien ab, sondern formuliere
> einen zusammenhängenden Text.
>
> A Beschreibe in der Einleitung, was moderne elektronische Medien sind.
> B Stelle dar, wie diese Medien im Alltag genutzt werden.
> C Vergleiche die Nutzung elektronischer Medien im Jahr 2000
>   mit der Nutzung im Jahr 2012.
> D Erläutere an Beispielen, welche Probleme im Umgang mit den modernen
>   Medien auftreten können.
> E Schlussfolgere, wie die Entwicklung der Mediennutzung weitergehen könnte.
> F Formuliere für deinen Text eine passende Überschrift.
> G Notiere unter deinem Text, welche Materialien du benutzt hast.

Einleitung
der Aufgabe

Schreibaufgabe

Teilaufgaben

Die Aufgabe besteht aus drei Abschnitten.
Die Einleitung der Prüfungsaufgabe nennt dir den Schreibanlass.

2 Finde Antworten auf folgende Fragen. Notiere Stichworte.
   • Wofür sollst du den Text schreiben?
   • Für wen sollst du schreiben?

Die Schreibaufgabe sagt dir, was du tun sollst.

3 Beantworte die folgenden Fragen in Stichworten.
   • Was sollst du tun?
   • Welches Thema sollst du bearbeiten?
   • Woher bekommst du die Informationen?

2. Schritt: Du überlegst: Was gehört alles zur Aufgabe?

Die Aufgabe besteht aus Teilaufgaben. Jede Teilaufgabe musst du verstehen.

4 a. Lies die Teilaufgaben noch einmal genau.
b. Die Aufforderungsverben sagen dir, was du tun sollst.
Markiere sie in allen Teilaufgaben.
c. Markiere in allen Teilaufgaben auch die Schlüsselwörter.

3. Schritt: Du gibst die Aufgabe mit eigenen Worten wieder.

5 Was wird von dir verlangt?
Gehe bei jeder Teilaufgabe A bis F so vor:
• Lies zuerst die Teilaufgabe.
• Schreibe das Aufforderungsverb im Infinitiv auf.
• Ergänze dann mit Hilfe deiner Schlüsselwörter den Lückensatz.

A _____ : *Jch soll in der Einleitung genau wiedergeben, was _____*

_____ sind.

B *darstellen* : *Jch soll aufschreiben, wie _____*

_____ von verschiedenen Menschen genutzt werden.

C _____ : *Jch soll dann Gemeinsamkeiten und Unterschiede*

bei der Mediennutzung in den _____

_____ aufzeigen.

D _____ : *Jch soll mit Hilfe von Beispielen veranschaulichen, welche _____*

_____ auftreten können.

E _____ : *Zum Schluss soll ich aus meinen Jnformationen Vermutungen*

ableiten, wie _____ der Mediennutzung

in der Zukunft sein könnte.

F _____ : *Jch soll für meinen Text _____*

_____ finden und diese über meinen Text schreiben.

6 Die Teilaufgabe G kannst du selbstständig wiedergeben.
a. Schreibe zuerst das Aufforderungsverb im Infinitiv auf.
b. Formuliere eine Erklärung für die Teilaufgabe. Schreibe einen Satz auf.

G _____ :

_____

Das Partizip II bei trennbaren Verben

Hitparaden und Charts

Hitparaden sind schon seit langem bei den Radiostationen beliebt. Sie wurden in den 1930er-Jahren in den USA eingeführt. Einige Sender haben damals angefangen, die beliebtesten Musiktitel zu ermitteln. Diese haben sie dann
5 jede Woche ausgestrahlt. Dadurch haben sie viele Menschen dazu angeregt, sich die Schallplatten mit den Hits zu kaufen. Ein Titel wurde zum Nummer-eins-Hit, wenn er mindestens eine Woche lang den ersten Platz einer Hitparade eingenommen hatte. Heute stellt die Musikindustrie die Hits in den Charts
10 zusammen. Die Musiktitel werden nicht mehr ausschließlich auf Tonträgern wie Schallplatten oder CDs verkauft, sondern auch über die Musikportale im Internet.

1 Im Text kommen Partizipien II von trennbaren Verben vor, die mit **ge** gebildet werden.
Finde die Partizipien II und markiere sie.
Tipp: Ein Partizip II ist bereits markiert.

2 a. Schreibe die Partizipien II aus Aufgabe 1 in die Tabelle.
   b. Ergänze den Infinitiv und die Verbform im Perfekt mit einem Personalpronomen.
   c. Markiere **ge** im Partizip II.

> **Merkwissen**
>
> Einige Verben sind zusammengesetzt. Im **Partizip II** stehen beide Teile des Verbs zusammen, dazwischen steht -**ge**-:
> austauschen – aus**ge**tauscht

Verb im Infinitiv	Partizip II	Verb im Perfekt
einführen	eingeführt	er/sie hat eingeführt

3 a. Bilde von den Verben am Rand das Partizip II.
   Schreibe die Partizipien auf.
   b. Bilde mit den Partizipien jeweils einen Satz.
   Schreibe die Sätze in dein Heft.

> vorstellen, austauschen, abschicken, herausfinden, zugreifen, zusammenstellen

> **Starthilfe**
>
> Die Band hat letzte Woche ihr neues Album vorgestellt.

Einen informierenden Text schreiben

Viele Abfälle können wiederverwertet werden, manche machen sogar Musik.

1 a. Lies die folgende Aufgabe genau.
b. Markiere die Aufforderungsverben und die Schlüsselwörter.

→ Der Aufgabenknacker: hintere Umschlagseite

Deine Schule plant eine Schülerzeitung zum Thema „Recycling und Upcycling".
Du bist gebeten worden, einen Artikel für die Zeitung zu verfassen.

Aufgabe: Schreibe einen informierenden Text zum Thema „Instrumente aus wiederverwertbaren Materialien". Deine Grundlage sind die Materialien M 1 bis M 5.
Schreibe nicht einfach aus den Materialien ab, sondern achte auf eine eigenständige Darstellung in einem zusammenhängenden Text.

A Beschreibe in der Einleitung, was in Deutschland mit dem Hausmüll geschieht.
B Erkläre, was die Begriffe Recycling und Upcycling bedeuten.
C Erläutere an zwei Beispielen, wie Upcycling beim Bau von Musikinstrumenten funktionieren kann.
D Fasse im Schlussteil zusammen, was dich an dem Thema am meisten interessiert.
E Formuliere für deinen Text eine passende Überschrift.
F Notiere unter deinem Text die von dir genutzten Materialien.

2 Lies die Materialien M 1 bis M 5
mit den Textknacker-Schritten 1 bis 3.

1. Vor dem Lesen
2. Das erste Lesen
3. Den Text genau lesen

 M1 **Das etwas andere Schulorchester**

Ein Bericht von Saida K. und Ercan D.

1 Am letzten Tag der Projektwoche zum Thema „Modernes Recycling" stellten die Gruppen ihre Ergebnisse in der Pausenhalle vor. Plötzlich ertönten ungewöhnliche Rhythmen, die sofort viele Zuhörer anlockten. Zehn Schülerinnen und Schüler der fünften bis zehnten Klassen spielten dort auf ihren selbst gebauten Instrumenten.

5 **2** Thilo hatte sich eine alte Waschschüssel aus gelbem Kunststoff umgehängt und trommelte mit einem Paukenschlägel auf den Boden der Schüssel. Soraia hatte an einem Holzring viele unterschiedlich große Metalldeckel aus alten Dosen befestigt. Dieses Instrument bewegte sie wie ein Tamburin auf und ab. Cajo trug einen Gürtel, an dem kurze und lange Rohre hingen. Solche Rohre kennt man aus dem Baumarkt. Mit einer schwarzen Kunststoffscheibe schlug er oben auf die Öffnungen der Rohre. Esra,
10 Kim und Ali hatten aus verschieden langen Papp-, Kunststoff- und Metalldosen Sambarasseln gebaut. Die Dosen waren mit Reis und getrockneten Erbsen gefüllt und mit Aluminiumdeckeln verschlossen. Elpida und Georg hatten die Rasseln kunstvoll bemalt, sodass jede von ihnen einzigartig war. Bei ihrem Auftritt wurden die jungen Musikerinnen und Musiker von den Sambatänzerinnen und Sambatänzern der Tanz-AG begleitet. In ihren selbst geschneiderten Kostümen aus bunten Kunststofffolien
15 begeisterten auch sie das Publikum.

M2 Die Welt schickt uns Müll, wir antworten mit Musik   Volker Thomas

1 Das Cello war einmal ein Ölkanister, die Klarinette ein Abflussrohr und die erste Geige eine Konservendose. Das ungewöhnlichste Orchester der Welt spielt auf Instrumenten
5 aus Müll. Der Musiklehrer Favio Chavez hatte die Idee, der Instrumentenbauer Nicolas Gomez steuerte sein handwerkliches Geschick bei. In ihrem Wohnviertel am Rande von Paraguays[1] Hauptstadt Asunción gründeten sie 2006
10 das „Müllorchester".

Konzert in Asunción, Juni 2013

2 Jugendliche musizieren auf Instrumenten, die Nicolas Gomez aus weggeworfenen Gegenständen gebaut hat. Er hat sie auf dem Müllplatz neben seinem Stadtviertel gefunden.
15 Ein Blech reicht ihm für den Klangkörper einer Geige. Die Klarinette, die einmal ein Stück Rohr war, bekommt Klappen aus Kronkorken. Für eine Gitarre schweißt er zwei flache Dosen zusammen. „Die Welt schickt uns ihren Müll,
20 wir antworten mit Musik", sagt Favio Chavez.

3 Die Kinder und Jugendlichen sind mit Feuereifer dabei. In dem Viertel, in dem 2500 Familien ohne zentrale Wasser- und Stromversorgung leben, gibt es sonst kaum
25 Abwechslung. Maria, eines der jungen Talente, sagt: „Ich liebe die Musik über alles. Das Orchester ist das Schönste, was mir in meinem Leben passiert ist." Und Lehrer Favio Chavez ergänzt: „Die Musik gibt ihnen
30 ein Selbstwertgefühl, jetzt werden sie wahrgenommen und bewundert."

4 Für eine Tournee ins Ausland erhalten die jungen Musiker zum ersten Mal einen amtlichen Pass mit Visum. Inzwischen
35 bekommt das Orchester Auftrittsangebote aus Brasilien, Kolumbien, Panama und den USA. Die Reisen werden durch Spenden finanziert. Für die Jugendlichen heißt das, dass sie zum ersten Mal eine Chance haben, ihr Viertel
40 zu verlassen und etwas anderes zu sehen. Wo immer sie hinkommen, ernten sie Begeisterung – und viele ihrer Fans schenken ihnen mittlerweile auch herkömmliche Instrumente.

---

[1] **Paraguay** [sprich: paragwai]: ein Staat in Südamerika. Paraguay grenzt im Osten an Brasilien, im Süden und Westen an Argentinien und im Norden und Westen an Bolivien.

M3 Zwei Lexikoneinträge

Recycling: Wertstoffe, die schon einmal genutzt wurden, werden wiederverwendet. Ziel ist es, dadurch Müll zu vermeiden. Aus den Abfällen werden neue, meist ähnliche Produkte hergestellt. Recycling findet vor allem bei Glas, Papier, Karton, Metallen und Kunststoffen statt.

Upcycling: Aus Abfällen werden neue, meist völlig andere und einzigartige Produkte geschaffen. Ziel ist es, weniger Energie und Rohstoffe zu verbrauchen und Müll zu vermeiden. Aus unbrauchbaren oder kaputten Gegenständen werden zum Beispiel Taschen, Möbel, Schmuck oder Kleidung angefertigt.

M4 Was geschieht mit dem Haushaltsmüll in Deutschland?

Pro Jahr verursacht jeder Einwohner in Deutschland durchschnittlich rund 500 Kilogramm Müll.
Der Anteil der Abfälle, der wiederverwertet wird, hat seit 1990 immer weiter zugenommen.

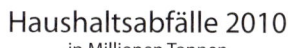

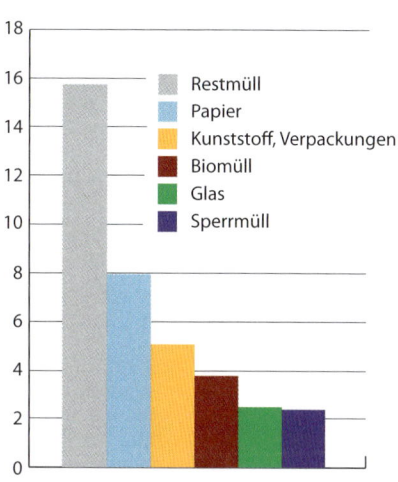

(Quelle: Statistisches Bundesamt, Abfallbilanz
2010, Wiesbaden 2012)

Entwicklung der Haushaltsabfälle von 1990 bis 2010

1990	2004	2010
87 %	42 %	37 %
Restmüll	Restmüll	Restmüll
13 %	58 %	63 %
Papier Glas	Papier Glas Biomüll Verpackungen	Papier Glas Biomüll Verpackungen

(Quelle: Statistisches Bundesamt, Wiesbaden 2012)

 ## M5 Die Eimertrommel

Zum Bau einer Eimertrommel benötigt man einen alten Eimer. Alle Henkel, Griffe und Etiketten werden
abmontiert. Nun kann man das neue Instrument ausprobieren. Man schlägt und trommelt mit der Hand
auf den Rand, den Boden oder verschiedene Stellen an den Seiten. Dabei wird man feststellen, dass
nicht immer die gleichen Töne entstehen. Man kann den Eimer auch kopfüber stellen und auf den Boden
5 trommeln. Hat man mehrere unterschiedlich große Eimer zur Verfügung, so lassen sich damit schon
unterschiedliche Sounds[1] erzeugen. Interessanter aber wird der Klang der Eimertrommel, wenn man
durch Anbringen von Klebebändern den Ton beeinflusst. Die schwingende Fläche wird dadurch größer
oder kleiner, je nachdem, wo die Klebebänder angebracht werden. Auch können an den Seiten, am Rand
oder am Boden weitere Klangmaterialien befestigt werden. So wird jede Eimertrommel zum Unikat[2],
10 das unterschiedliche Geräusche oder Klänge hervorbringt. Alte Löffel oder Kleiderbügel aus Kunststoff
können als Drumsticks[3] verwendet werden.

[1] der **Sound** (engl. sound): der Klang
[2] das **Unikat:** ein einmaliges Einzelstück
[3] der **Drumstick** [sprich: dramstik]: Schlägel für Trommel oder Schlagzeug

Du findest wichtige Informationen in den Materialien M1 bis M5.

3 Worum geht es in den einzelnen Materialien? Notiere Stichworte.

M1 _____

M2 _____

M3 _____

M4 _____

M5 _____

Du arbeitest mit dem Inhalt der Materialien M1 bis M5 und sammelst Informationen für deinen Text.

4. Nach dem Lesen

zu **M1**

4 **a.** Welche Instrumente haben die Schülerinnen und Schüler aus welchen Materialien gebaut? Kreuze die richtigen Antworten an.

☐ ein Tamburin aus einem Holzring und Metalldeckeln

☐ ein Tamburin aus einem Metallring und Holzkugeln

☐ Sambarasseln aus Holz und Pappe

☐ Sambarasseln aus Pappe, Kunststoff und Metall

☐ ein Instrument aus Rohren

☐ ein Instrument aus Schläuchen

☐ eine Trommel aus einem Blumentopf

☐ eine Trommel aus einer Plastikschüssel

b. Was könnte die Schülerinnen und Schüler veranlasst haben, mit ihrem Sambaorchester aufzutreten? Schreibe deine Vermutung auf.

_____

_____

_____

zu **M2**

5 Welche Instrumente baut Nicolas Gomez aus welchen Materialien? Kreuze die richtigen Antworten an.

☐ eine Klarinette aus zwei Blechbüchsen

☐ eine Klarinette aus einem Abflussrohr

☐ eine Geige aus einer Konservendose

☐ eine Geige aus Plastik

☐ eine Gitarre aus einer flachen Dose

☐ eine Gitarre aus zwei flachen Dosen

☐ ein Cello aus einem Ölkanister

☐ ein Cello aus einer Konservendose

Weiter mit dem 4. Schritt des Textknackers.

zu **M 2**

6 Warum spielen die Schülerinnen und Schüler in Asunción in ihrem Orchester mit? Nenne drei Gründe.

zu **M 3**

7 Was unterscheidet Upcycling von Recycling? Erkläre die beiden Begriffe.

zu **M 4**

8 Sieh dir das Säulendiagramm genauer an.
   a. Welche Abfälle machen den größten Anteil am Müllaufkommen aus? Kreuze an.

   ☐ Restmüll   ☐ Sperrmüll   ☐ Kunststoff, Verpackungen
   ☐ Papier   ☐ Glas   ☐ Biomüll

   b. Welche Arten von Abfall eignen sich deiner Meinung nach gut für Upcycling?

9 Sieh dir das Schaubild genauer an.
   a. Um wie viel Prozentpunkte ist der Anteil des Restmülls an den Haushaltsabfällen zwischen 1990 und 2010 gesunken? Kreuze an.

   ☐ um 50 Prozentpunkte   ☐ um 35 Prozentpunkte   ☐ um 42 Prozentpunkte   ☐ um 63 Prozentpunkte

   b. Erkläre, warum im Jahr 1990 vier Müllbehälter dargestellt sind, im Jahr 2004 und 2010 aber fünf.

zu **M 5**

10 Wie kann man den Klang einer Eimertrommel verändern?

Einen zusammenhängenden Text schreiben

Deine Ergebnisse aus den Aufgaben 3 bis 10 kannst du für die Schülerzeitung in einem zusammenhängenden Text aufschreiben.

1 Was ist deine Schreibaufgabe?
   a. Lies noch einmal die **Aufgabe** auf Seite 15.
   b. Lies noch einmal deine Markierungen aus Aufgabe 1 b, Seite 15.

2 Schreibe die Einleitung.

Einleitung

   a. Schreibe einen ersten Satz, der deine Leser neugierig macht.
   b. Schreibe insgesamt vier oder fünf vollständige Sätze auf.
   Tipp: Beachte die Teilaufgabe A von Seite 15.
      Du kannst Satzanfänge vom Rand verwenden.

> Wer weiß schon, dass …?
> Wer hat schon einmal …?
> Musik aus Müll habe ich / ist …
> Es stimmt / stimmt nicht, dass …
> Ich möchte zeigen / darüber schreiben, dass / was / warum / wie …

3 Schreibe nun Absatz für Absatz den Hauptteil.

Hauptteil

   a. Bearbeite dazu sorgfältig die Teilaufgaben B und C von Seite 15.
   Tipps: Welche Informationen brauchst du für deinen Text?
      Markiere sie auf den Seiten 15–19.
      Überlege immer wieder:
      Wie kannst du die Informationen mit eigenen Worten wiedergeben?
      Wo kannst du deine eigene Meinung dazuschreiben?
   b. Schreibe den Hauptteil deines Textes zusammenhängend auf ein extra Blatt.
   Tipp: Verwende in deinem Text passende Textverknüpfer.

> Wenn man …, dass …; einerseits …, andererseits …, teils …, teils …; wie die Beispiele zeigen, …;
> … kann man jedoch / sogar / mit wenig Aufwand …; man muss nicht …, sondern kann …; …,
> obwohl …; … aber …

4 Schreibe nun den Schluss. (→ Teilaufgabe D von Seite 15)

    a. Fasse deine Erkenntnisse in wenigen Sätzen zusammen.

    b. Schreibe auf, was dich an dem Thema am meisten interessiert.

Schluss

> Zusammenfassend kann ich sagen, dass …;
> Wenn man sich die Beispiele ansieht, dann …;
> Besonders interessant finde ich …
> Ich wusste vorher/bisher nicht, dass …

5 Schreibe eine passende Überschrift für deinen Text auf. (→ Teilaufgabe E von Seite 15)

6 Schreibe auf, welche Materialien du benutzt hast. (→ Teilaufgabe F von Seite 15)

7 Überarbeite deinen Text für die Zeitung mit Hilfe der Checkliste.

Checkliste: Einen informierenden Text schreiben	ja	nein
Habe ich in der Einleitung das Thema vorgestellt?	■	■
Habe ich im Hauptteil einen zusammenhängenden Text formuliert?	■	■
Habe ich zum Schluss die wichtigen Informationen zusammengefasst?	■	■
Habe ich meine eigenen Gedanken zum Thema formuliert?	■	■
Habe ich die Aufgaben vollständig bearbeitet?	■	■
Habe ich den Text sachlich und in angemessener Sprache geschrieben?	■	■
Habe ich die Materialien angegeben, die ich genutzt habe?	■	■

Z Ein Schüler sagte nach dem Lesen der Materialien: „Mit Instrumenten aus Müll kann man doch keine richtige Musik machen."

8 Nimm Stellung zu dieser Aussage.

> Ich stimme der Aussage zu / nicht zu, denn / weil …
> Ich bin derselben / anderer Meinung.
> Ich bin der Ansicht, dass …

→ Prüfungsaufgabe: Seiten 74–77

21

Einwände mit aber und doch

Elisa und Maik sprechen über Computerspiele.

Elisa:	Ich habe ein neues Computerspiel, das ist so spannend! Manchmal kann ich gar nicht aufhören zu spielen.
Maik:	Ich habe auch einige tolle Spiele. Ich würde manchmal gern den ganzen Nachmittag spielen, doch ich habe auch noch andere Dinge zu tun.
Elisa:	Das geht mir genauso.
Maik:	Gute Computerspiele machen viel Spaß, aber manche Spiele sind auch die reine Zeitverschwendung.
Elisa:	Das stimmt, doch man spielt sie trotzdem stundenlang.

1 Im Text sind drei Hauptsätze durch **aber** und **doch** verbunden.

    a. Markiere in jeder Satzreihe die Konjunktion (das Bindewort) **aber** und **doch**.

    b. Markiere in diesen Sätzen das gebeugte Verb.

    c. Markiere die Kommas mit einem Pfeil.

      ☐ , **doch** ☐ .

    Hauptsatz   Hauptsatz

> **Merkwissen**
>
> Mit den Konjunktionen **aber** und **doch** kannst du zwei Hauptsätze miteinander verbinden. Du kannst dadurch einen Widerspruch zwischen zwei Aussagen ausdrücken.

2 Bilde aus den Hauptsätzen vier Satzreihen.

    a. Verbinde die Sätze mit **aber** oder **doch**. Schreibe die Sätze auf.

    b. Markiere das Komma, die Konjunktion und die gebeugte Verbform wie im Beispiel.

Elisa spielt gern Computerspiele.	Sie vergisst dabei oft die Zeit.
Sie verabredet sich mit Freunden zu einer LAN-Party.	Einige gehen lieber zum Tischtennis.
Maik möchte sich ein Computerspiel kaufen.	Das Taschengeld reicht nicht.
Er möchte seine alten Spiele gern verkaufen.	Niemand interessiert sich dafür.

Elisa spielt gern Computerspiele, aber sie vergisst dabei oft die Zeit.

Schriftlich Stellung nehmen

Ganz plötzlich versammeln sich viele Menschen und tun etwas Ungewöhnliches.

1 a. Lies die folgende Aufgabe genau.

b. Markiere die Aufforderungsverben und die Schlüsselwörter.

→ Der Aufgabenknacker:
hintere Umschlagseite

Die Schülerinnen und Schüler der Bergschule diskutieren auf ihrer Internetseite über Kinderrechte.

Aufgabe: Schreibe einen Leserbrief für die Internetseite der Schule.
Nimm Stellung zu der Frage: Ist ein Flashmob ein wirksames Mittel,
um auf die Rechte von Kindern aufmerksam zu machen?

A Nenne in der Einleitung das Thema und formuliere deine Meinung.
B Begründe deine Meinung mit Argumenten und belege deine Argumente mit Beispielen.
C Beziehe dich auch auf ein Gegenargument und entkräfte es.
D Formuliere eine Schlussfolgerung, in der du etwas vorschlägst oder empfiehlst.

📖 Eine Aktion für die Rechte von Kindern

Paul: Wie können wir die Leute darauf aufmerksam machen,
dass es internationale Kinderrechte gibt?

Rania: Lasst uns doch einen Flashmob[1] auf dem Stadtteilfest
organisieren! Da erreichen wir eine große Öffentlichkeit.

5 Wir lassen die Kinderrechte auf unsere T-Shirts drucken
und studieren einen witzigen Tanz ein.

Paul: Gute Idee! Plötzlich geht die Musik an, wir tanzen los
und nach wenigen Minuten ist alles wieder vorbei.
Das erregt Aufmerksamkeit, irritiert die Leute und

10 macht auch noch Spaß!

Rania: Und vorher kündigen wir den Flashmob und die Tanzschritte
auf unserer Homepage und per Handy an, damit möglichst
viele Leute kommen und mitmachen.

[1] der **Flashmob** [engl.; sprich: fleschmop]: kurze, überraschende Aktion einer größeren Menschenmenge
an einem öffentlichen Ort

2 Beantworte folgende Fragen:
• Welche Aktion planen Rania und Paul?
• Was wollen sie damit erreichen?

Rania und Paul schlagen ihrer Klasse vor, einen Flashmob zu organisieren.
Die Schülerinnen und Schüler diskutieren darüber.

Flashmobs sind super!
Alle bewegen sich gleichzeitig
für eine gute Sache.
Das stärkt auch
das Gemeinschaftsgefühl!
☐

Flashmobs finde ich
überflüssig.
Sie bringen nichts und nerven
die Leute. Manche fühlen sich
sogar belästigt durch
so einen Menschenauflauf
und die laute Musik.
☐

Flashmobs finde ich
zu gefährlich, weil viele Leute
unkontrolliert
zusammentreffen.
Es könnte Panik entstehen.
☐

Flashmob? Das ist doch
peinlich! Wenn mich da
einer sieht.
☐

Wenn wir
viele Menschen auf
die Kinderrechte aufmerksam
machen können, finde ich
die Aktion gut und wichtig.
☐

Solche Aktionen sind
etwas Besonderes.
Das erregt bestimmt
mehr Aufmerksamkeit als
ein Infostand oder Plakate.
☐

3 a. Lies die Äußerungen der Schülerinnen und Schüler.
   b. Worum geht es in der Diskussion? Schreibe einen Satz auf.

_____

_____

_____

4 Welche Meinungen vertreten die Schülerinnen und Schüler?
Kreuze die richtigen Antworten an.

Flashmobs sind:
☐ gefährlich   ☐ nervig   ☐ überflüssig
☐ wichtig   ☐ langweilig   ☐ peinlich
☐ aufwändig   ☐ interessant ☐ super
☐ gut   ☐ störend   ☐ etwas Besonderes

5 Welcher Meinung bist du? Kreuze an.

☐ Ein Flashmob kann ein wirksames Mittel sein, um auf die Rechte
von Kindern aufmerksam zu machen.
☐ Ein Flashmob kann kein wirksames Mittel sein, um auf die Rechte
von Kindern aufmerksam zu machen.

Meinung
Argument
Beispiel

6 Welche Äußerungen aus Aufgabe 3 passen zu deiner Meinung?
Kreuze sie an.

Um Stellung zu nehmen, brauchst du Argumente für oder gegen einen Flashmob.

7 Welche Argumente nennen die Schülerinnen und Schüler in den Sprechblasen auf Seite 24?
    a. Finde die Argumente **für** einen Flashmob. Markiere sie grün.
    b. Finde die Argumente **gegen** einen Flashmob. Markiere sie rot.

8 Welche Argumente sind dir für deine Meinung besonders wichtig?
Schreibe sie in Stichworten auf.
Beginne mit dem schwächsten Argument und schließe mit dem stärksten.
Tipp: Du kannst Argumente von Seite 24 verwenden oder eigene Argumente nutzen.

Du begründest deine Meinung, indem du sie mit Argumenten verknüpfst.

9 Begründe deine Meinung mit Argumenten.
Schreibe vollständige Sätze auf.
    • Du kannst deine Stichworte aus Aufgabe 8 nutzen.
    • Du kannst die Tabelle nutzen.

	weil diese besondere Aktionsform mehr Aufmerksamkeit erregt als ein Infostand oder Plakate.
Ich bin für einen Flashmob,	da wir dadurch eine breite Öffentlichkeit erreichen können.
	denn er stärkt das Gemeinschaftsgefühl.
	weil sich die Leute durch diese Aktionsform gestört oder abgeschreckt fühlen können.
Ich bin gegen einen Flashmob,	da wir dadurch nichts bewirken können.
	denn diese kurzen Auftritte sind peinlich.

Mit Beispielen kannst du deine Argumente stützen und veranschaulichen. Beispiele können Fakten, Erfahrungen oder persönliche Erlebnisse sein.

10 Welche Beispiele passen zu den Argumenten?
   a. Verbinde die Argumente mit passenden Beispielen.
   b. Ergänze für das letzte Argument ein eigenes Beispiel.

> Meinung
> Argument
> Beispiel

Argumente

Ein Flashmob kann stören und abschreckend auf die Leute wirken.

Durch einen Flashmob wird das Gemeinschaftsgefühl gestärkt.

Flashmobs bringen für die Rechte von Kindern nichts.

Ein Flashmob ist interessanter als ein Infostand oder Plakate.

Mit einem Flashmob erreichen wir eine breite Öffentlichkeit.

Ein Flashmob ist als Aktionsform zu gefährlich.

Beispiele

Ich habe mal an einem Flashmob teilgenommen. Wir haben uns wie eine große Familie gefühlt.

Bei einem Flashmob in der Stadt war es neulich so laut, dass viele Leute einen Bogen gemacht haben.

Ich habe oft gesehen, wie die Leute an Infoständen einfach vorbeigingen.

Zum Beispiel war beim Tierschutzbund eine solche Aktion sehr erfolgreich. Das kann uns auch gelingen.

Ich habe auch mal an einem Flashmob teilgenommen. Es hat zwar Spaß gemacht, aber keiner wusste, worum es überhaupt ging.

_____

_____

Du kannst andere überzeugen, wenn du direkt auf ihre Argumente eingehst.

11 Wie kannst du ein Gegenargument entkräften?
   a. Wähle ein Argument aus Aufgabe 9 oder 10 aus, das nicht deiner Meinung entspricht.
   b. Schreibe dieses Argument auf.
   c. Erkläre dann, warum du dieses Argument nicht überzeugend findest.
   Tipp: Du kannst die Satzanfänge vom Rand verwenden.

> Manche Schüler meinen, dass …
> Einige Leute behaupten, dass …
> Ich denke jedoch, dass …, weil …
> Aber ich bin der Ansicht, dass …
> Denn …

Du ordnest deine Argumente in einer Argumentationskette.

12 Bringe deine Argumente in eine sinnvolle Reihenfolge.
    a. Wähle aus deinen Argumenten die beiden stärksten aus.
    b. Ordne sie zusammen mit den Beispielen
       in einer Argumentationskette an.
    c. Ergänze das Argument aus Aufgabe 11,
       das du entkräftet hast. Es ist das Argument 3.
    d. Formuliere am Ende eine Schlussfolgerung.
    e. Notiere deine Argumentationskette hier in Stichworten.

Meinung
Argument 1
Beispiel 1
Argument 2
Beispiel 2
Argument 3
Beispiel 3
Schlussfolgerung

Meinung:

Argument 1:

Beispiel 1:

Argument 2:

Beispiel 2:

Argument 3:

Beispiel 3:

Schlussfolgerung:

Ist ein Flashmob ein gutes Mittel, um auf die Rechte von Kindern aufmerksam zu machen? In einem Leserbrief kannst du deine Meinung darstellen.

13 a. Lies noch einmal die Aufgabe auf Seite 23.
    b. An welche Leser richtest du deinen Text? Kreuze an.

    ☐ an die Schulleitung
    ☐ an meine Mitschülerinnen und Mitschüler

14 Schreibe eine Einleitung.
    • Nenne das Thema.
    • Formuliere deine Meinung in vollständigen Sätzen.
    Tipp: Du kannst die folgenden Formulierungen verwenden.

Einleitung

> Ich möchte meine Meinung zu folgendem Thema darstellen: … / Ich bin dafür / dagegen, dass … / Meiner Meinung nach … / Ich bin der Ansicht, dass … / Ich vertrete die Meinung, dass …

Im Hauptteil nennst du deine Argumente und stützt sie mit Beispielen. Du gehst auf ein Gegenargument ein und entkräftest es.

15 Schreibe den Hauptteil. Schreibe in dein Heft.
- Begründe deine Meinung mit Argumenten.
- Veranschauliche deine Argumente mit Beispielen.
- Gehe auf ein Gegenargument ein und entkräfte es.

Tipp: Nutze deine Argumentationskette aus Aufgabe 12.

Im Schlussteil fasst du deine Aussagen zusammen.

16 Schreibe den Schluss.
- Formuliere eine Schlussfolgerung, die sich auf deine Meinung bezieht.
- Was empfiehlst du den Leserinnen und Lesern?
- Was schlägst du vor?

Tipp: Du kannst die folgenden Formulierungen verwenden.

> Nachdem ich mich mit der Frage … beschäftigt habe, kann ich noch einmal betonen, dass … /
> Es wäre schön, wenn wir … / Zusammenfassend kann ich sagen, dass … / Dazu schlage ich vor, … /
> Die Frage, ob …, ist also mit … zu beantworten. / Deshalb sollten wir … / Vor allem sollte man
> genau überlegen, … / Deswegen möchte ich vorschlagen, …

Deinen Leserbrief kannst du mit Hilfe der Checkliste überarbeiten.

17 a. Überprüfe deinen Leserbrief mit Hilfe der Checkliste.
b. Überarbeite deinen Leserbrief. Schreibe ihn in dein Heft.

Checkliste: Schriftlich Stellung nehmen	ja	nein
Habe ich in der Einleitung das Thema genannt?	■	■
Habe ich meine Meinung in einem vollständigen Satz formuliert?	■	■
Habe ich im Hauptteil meine Meinung mit Argumenten belegt?	■	■
Habe ich meine Argumente mit Beispielen gestützt?	■	■
Habe ich ein Gegenargument entkräftet?	■	■
Habe ich eine Schlussfolgerung formuliert?	■	■
Habe ich zum Schluss etwas vorgeschlagen oder empfohlen?	■	■

→ Prüfungsaufgabe: Seiten 78–81

Einen Leserbrief überarbeiten

Emily hat in ihrem Leserbrief Umgangssprache verwendet.
Er muss noch überarbeitet werden.

Achtung: Fehler!

<u>Bin der Meinung</u>, dass Computerspiele <mark>echt okay</mark> sind, wenn man nicht zu oft spielt. <u>Gibt nämlich einige <mark>coole</mark> Spiele</u>, die Spaß machen. Viele sind aber <mark>doof</mark>. Von den Ego-Shootern wird man z. B. aggressiv und nervös. Den ganzen Tag am PC zu zocken, <mark>geht gar nicht</mark>, denn man bewegt sich nicht mehr und bekommt Rückenschmerzen. <u>Sieht seine Freunde auch kaum noch</u>. <mark>Ich bin der Meinung</mark>, dass man sich die Freizeit einteilen soll, nämlich ein bisschen am Computer spielen, die echten Freunde treffen und auch mal etwas Sport treiben. (Emily, 14 J.)

Tipp 1: Vermeide umgangssprachliche Formulierungen.

1 In dem Leserbrief sind umgangssprachliche Wörter und Wortgruppen markiert.
   a. Schreibe diese Wörter und Wortgruppen auf.
   b. Finde Formulierungen, die in einem Leserbrief geeignet sind. Schreibe sie daneben.
   Tipp: Du kannst die Wörter vom Rand nutzen.

echt okay: in Ordnung

> in Ordnung, interessant, uninteressant, schlecht, langweilig, gefährlich, ungefährlich, ist nicht gut, hat negative Folgen

Tipp 2: Achte auf vollständige Sätze.

2 Im Text stehen drei unvollständige Sätze. Ihnen fehlt das Subjekt.
   Schreibe die Sätze vollständig mit einem passenden Subjekt auf.

> ich
> du
> es
> man
> wir
> ihr

Tipp 3: Verknüpfe deine Sätze logisch miteinander.

> Deswegen meine ich …
> Deshalb bin ich der Ansicht …
> Ich vertrete daher die Meinung …

3 Im Text ist ein Satz grün markiert.
   Verknüpfe ihn logisch mit dem Satz davor.
   Wähle eine Formulierung vom Rand aus. Schreibe den Satz auf.

4 **a.** Überarbeite den Leserbrief mit Hilfe der Tipps 1 bis 3.
   b. Schreibe den überarbeiteten Leserbrief vollständig in dein Heft.

Eine Kurzgeschichte analysieren

Diesen Montagmorgen im Bus werden die Passagiere nicht so schnell vergessen.

1 **a.** Lies die folgende Aufgabe genau.
b. Markiere die Aufforderungsverben und die Schlüsselwörter.

→ Der Aufgabenknacker: hintere Umschlagseite

> Lies zunächst den Text, bevor du die Aufgaben bearbeitest.
> Schreibe einen zusammenhängenden Text.
>
> **Aufgabe:** Analysiere die Kurzgeschichte „Ein Montagmorgen im Bus" von Pattie Wigand.
> Gehe dabei so vor:
>
> A Schreibe eine Einleitung: Nenne darin den Titel der Geschichte und den Namen der Autorin.
>   Schreibe auch auf, worum es in der Geschichte geht.
> B Fasse die Geschichte in einer kurzen Inhaltsangabe zusammen.
>   Schreibe nur das Wichtigste.
> C Untersuche, aus welcher Perspektive die Kurzgeschichte erzählt wird.
>   Analysiere dabei auch das Verhalten der Figuren in der Geschichte.
> D Untersuche, welche Merkmale einer Kurzgeschichte auf diese Geschichte zutreffen.
>   Belege deine Aussagen am Text.

2 Lies die Geschichte mit Hilfe der Textknacker-Schritte 1 bis 3.

📖 Ein Montagmorgen im Bus   Pattie Wigand

1 Es waren drei kleine Wörter, die ein Wunder bewirkten. Als ich in den Bus stieg, schien die Sonne. Bei einem Blick aus dem Fenster des 151ers zeigte sich freilich der Chicagoer Winter von seiner schmutzigsten Seite – kahle
5 Bäume, Schneematsch, die Autos voller Streusalzspritzer.

Winter in Chicago

2 Der Bus fuhr mehrere Kilometer am Lincolnpark entlang, aber niemand schaute hinaus. Wir, die Fahrgäste, saßen in dicken Mänteln dicht nebeneinander und dösten zum eintönigen Rattern des Motors in der stickigen,
10 überheizten Luft. Kein Mensch sprach. Das gehörte zu den ungeschriebenen Regeln des Chicagoer Berufsverkehrs. Zwar begegneten uns jeden Tag dieselben Gesichter, aber wir versteckten uns lieber hinter unseren Zeitungen. Konnte etwas symbolträchtiger[1] sein? Menschen, die
15 nebeneinandersaßen, hielten mit dünnen Bogen Papier Distanz[2].

3 Als sich der Bus den Wolkenkratzerpalästen des Michigan-
Boulevards³ näherte, ertönte plötzlich eine laute Stimme:
„Achtung! Achtung!" Zeitungen raschelten. Hälse reckten
20 sich. „Hier spricht der Fahrer." Stille. Alles starrte dem Fahrer
auf den Hinterkopf. In seiner Stimme lag Autorität. „Legen Sie
alle die Zeitung weg." Langsam, zentimeterweise sanken
die Blätter. Der Fahrer wartete. Wir falteten die Zeitungen
zusammen und legten sie auf den Schoß. „Nun drehen Sie alle
25 den Kopf zur Seite und sehen Sie Ihrem Sitznachbarn ins
Gesicht. Na los, auf geht's!" Erstaunlicherweise gehorchten
wir. Noch lächelte niemand. In gedankenlosem Gehorsam
folgten wir wie eine Herde. Neben mir saß eine ältere Frau
mit einem roten, fest um den Kopf geschwungenen Schal.
30 Ich sah sie fast täglich. Wir blickten uns in die Augen und
warteten unbewegt auf die nächste Anordnung. „Jetzt
sprechen Sie mir nach …" Es war ein Befehl, erteilt im Ton
eines militärischen Ausbilders: „Guten Morgen, Nachbar!"
Die Stimmen klangen schwach und ängstlich. Bei vielen
35 von uns waren es die ersten Worte, die uns an dem Tag
über die Lippen kamen. Doch wir sagten sie wie Schulkinder
im Chor zu dem fremden Menschen neben uns.

4 Wir lächelten uns an. Wir konnten nicht anders. Da war
zum einen das Gefühl der Erleichterung, dass wir nicht
40 entführt oder ausgeraubt wurden, zum anderen aber auch
das leise Empfinden, dass sich hier eine lange unterdrückte
allgemeine Höflichkeit Bahn brach. Wir hatten es gesagt, das
Eis war gebrochen. Guten Morgen, Nachbar. Eigentlich war es
gar nicht so schwer. Einige wiederholten es sogar. Andere
45 gaben sich die Hand. Viele lachten. Der Busfahrer sagte nichts
mehr. Es war auch gar nicht nötig. Keine einzige Zeitung
wurde wieder hochgenommen. Alle unterhielten sich
angeregt. Erst hatten wir zwar den Kopf über den verrückten
Kerl von Fahrer geschüttelt, aber nun waren wir alle froh
50 über seinen Einfall. Immer wieder gab es Gelächter, warme
sprudelnde Laute, wie ich sie nie zuvor in einem Linienbus
gehört hatte.

5 Als wir meine Haltestelle erreichten, sagte ich meiner
Nachbarin auf Wiedersehen und sprang vom Trittbrett, um
55 einer Pfütze auszuweichen. An derselben Haltestelle hatten
vier weitere Busse angehalten, denen Fahrgäste entstiegen.
Die Weiterfahrenden saßen regungslos und stumm da wie
Ölgötzen⁴. Anders die Leute in meinem Bus. Als er losfuhr,
brachten ihre lebhaften Mienen mich zum Lachen. Der Tag
60 hatte besser angefangen als alle Tage sonst. Ich blickte
dem Fahrer nach. Er sah konzentriert in den Rückspiegel,
um eine Lücke im Verkehr zu erspähen. Es schien ihm gar
nicht bewusst zu sein, welch ein Montagmorgenwunder
er da eben vollbracht hatte.

¹ **symbolträchtig:** voller Bedeutung
² **die Distanz:** der Abstand
³ **der Boulevard** [franz.; sprich: buleva]:
  die breite Straße
⁴ **der Ölgötze:** abwertende Bezeichnung für
  jemanden, der steif und unbeteiligt dasitzt

Die Geschichte kennen lernen

3 Welche Gedanken und Gefühle gehen dir nach dem Lesen der Kurzgeschichte durch den Kopf? Notiere Stichworte.

> → Deine Notizen zur Teilaufgabe A

4 Schreibe den Titel der Geschichte und den Namen der Autorin auf.

5 Markiere im Text wichtige Schlüsselwörter.
Tipp: Am Anfang sind die Schlüsselwörter schon markiert.

> Die Aufforderung
> Das Wunder
> Schweigen im Bus
> Freundliche Gespräche
> Winter in Chicago

6 Worum geht es in den einzelnen Absätzen?
Schreibe neben jeden Absatz eine passende Überschrift.
Tipp: Du kannst die Überschriften vom Rand verwenden.

7 Schreibe nun in einem Satz auf, worum es in der Geschichte geht.

In der Geschichte

In einer Inhaltsangabe fasst du zusammen, was in der Kurzgeschichte im Einzelnen passiert. Dazu musst du die Handlung der Geschichte verstehen.

> → Deine Notizen zur Teilaufgabe B

8 a. Wo findet die Handlung statt? Markiere die Orte im Text.
b. Schreibe auf, wo die Kurzgeschichte spielt.

9 Welche Figuren spielen in der Kurzgeschichte eine wichtige Rolle? Nenne sie.

10 Beantworte die folgenden Fragen in Stichworten.
• Wie verhalten sich die Figuren am Anfang der Geschichte?
• Was passiert plötzlich?
• Wie verhalten sich die Figuren danach?
• Wie endet die Geschichte?

Dem Erzähler folgen

Beim Lesen der Geschichte begleitet dich ein Erzähler
durch die Handlung.

> → Deine Notizen
> zur Teilaufgabe C

1 Was trifft auf die Kurzgeschichte zu? Kreuze die richtigen Antworten an.

☐ In der Geschichte erzählt ein Er-/Sie-Erzähler.

☐ In der Geschichte erzählt ein Ich-Erzähler.

☐ Der Erzähler ist eine Figur in der Geschichte.

☐ Der Erzähler ist keine Figur in der Geschichte.

☐ Der Erzähler beobachtet nur das Verhalten der anderen Figuren.

☐ Der Erzähler erlebt das Geschehen zusammen mit den anderen Figuren.

2 Woran hast du die Erzählperspektive erkannt?
a. Finde zwei wichtige Textstellen.
b. Schreibe die Textstellen auf. Gib dabei auch die Zeilen an.

Am Anfang befinden sich die Figuren noch in einer alltäglichen Situation.

3 Lies noch einmal die Absätze **1** und **2** der Geschichte.
a. Beschreibe, wie die Fahrgäste sich am Anfang der Busfahrt fühlen.
b. Welche Gründe könnte es dafür geben? Belege deine Erkenntnisse mit Textstellen.

4 Gibt es Gemeinsamkeiten zwischen dem Erzähler und den anderen Figuren?
Belege deine Antwort mit einer Textstelle.

**Der Erzähler beobachtet das Verhalten des Busfahrers
und der anderen Fahrgäste.**

5 Wodurch wird die Aufmerksamkeit des Erzählers auf den Busfahrer gelenkt?
   a. Lies noch einmal Absatz **3** der Geschichte.
   b. Kreuze die richtigen Antworten an.

   ☐ Der Busfahrer döst wie die anderen Fahrgäste auch vor sich hin.
   ☐ Der Busfahrer bremst plötzlich.
   ☐ Der Busfahrer macht eine Ansage.
   ☐ Der Busfahrer befiehlt den Fahrgästen, sich gegenseitig zu beschimpfen.
   ☐ Der Busfahrer befiehlt den Fahrgästen, einander freundlich anzuschauen.
   ☐ Der Busfahrer befiehlt den Fahrgästen in strengem Ton, einander zu begrüßen.

6 Wie erleben die Figuren diese neue Situation? Ergänze die Sätze.

   blicken, die nächste Anordnung, gehorchen, „Guten Morgen, Nachbar" (Z. 33),
   ihre Hälse, lächeln, Schulkinder, schwach und ängstlich (Z. 34), Zeitungen

   Die Fahrgäste sind zunächst neugierig, recken _____ und _____

   zum Busfahrer. Allmählich lassen sie ihre _____ fallen und

   _____, ohne zu _____. Alle warten sie auf

   _____. Schließlich folgen sie dem Befehl des Busfahrers

   und sagen: _____. Doch ihre Stimmen

   klingen noch _____. Denn der Erzähler und die anderen

   Figuren fühlen sich in dieser Situation wie eingeschüchterte _____.

7 „Wir hatten es gesagt, das Eis war gebrochen" (Z. 42–43), heißt es im nächsten Absatz.
   Beschreibe das Verhalten der Figuren genauer:
   Was tun die Fahrgäste? Warum tun sie es? Wie verläuft die Fahrt weiter?

   _____
   _____
   _____
   _____

8 Der Erzähler spricht von einem Montagmorgenwunder.
   a. Finde die Textstelle und markiere sie.
   b. Erkläre, was damit gemeint sein könnte.

   _____
   _____
   _____
   _____

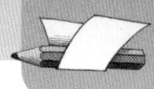

Ein kurzer Augenblick, der etwas verändert

Welche Merkmale hat die Kurzgeschichte?
Der Text sagt es dir.

→ Deine Notizen
zur Teilaufgabe D

1 Wie beginnt die Geschichte?
a. Lies dazu noch einmal Absatz **1**.
b. Notiere Stichworte zum Handlungsbeginn.

> **Merkmal**
> plötzlich
> mittendrin

2 Was ist in der Geschichte alltäglich?
a. Finde die Antwort im Absatz **2**.
b. Schreibe eine Textstelle auf. Gib auch die Zeilen an.

> **Merkmal**
> ein alltägliches
> Geschehen

3 Wie lange dauert die Handlung ungefähr?
a. Wähle aus: weniger als eine Stunde, mehr als eine Stunde, einen Tag.
b. Schreibe auf, woran man das erkennt.

> **Merkmal**
> ein Augenblick –
> ein kurzer Ausschnitt
> aus dem Leben

Die Handlung dauert vermutlich

4 Welchen Wendepunkt gibt es in der Geschichte?
Notiere, was in diesem entscheidenden Moment passiert.

> **Merkmal**
> ein entscheidender
> Moment –
> ein Wendepunkt

5 „Es waren drei kleine Wörter, die ein Wunder bewirkten", so beginnt die Geschichte.
a. Finde die „drei kleinen Wörter" im Text. Markiere sie.
b. Erkläre: Was hat dieser Satz mit dem Wendepunkt in der Geschichte zu tun?

Die Interpretation schreiben und überarbeiten

Du hast die Geschichte analysiert. Deine Ergebnisse zu den Teilaufgaben A bis D fasst du in einem eigenen Text zusammen.

1 Schreibe die Einleitung deiner Interpretation.
Tipps: Verwende deine Ergebnisse zu Teilaufgabe A.
Nenne die Textsorte, den Titel und die Autorin der Geschichte.
Schreibe auch, worum es in der Geschichte geht.

> Einleitung

_____

_____

_____

_____

2 Schreibe den Hauptteil deiner Interpretation.
Schreibe in dein Heft.

> Hauptteil

Tipp 1: Gib am Anfang des Hauptteils das Wichtigste der Handlung wieder.
Verwende deine Ergebnisse zu Teilaufgabe B.
- Wo und wann spielt die Geschichte?
- Wer ist die Hauptperson und welche Personen kommen noch vor?
- Was passiert nacheinander? Was tun die Figuren?
- Was geschieht plötzlich?
- Wie reagieren die Figuren?

> **Starthilfe**
> Die Geschichte spielt an einem Montagmorgen in Chicago. …

Tipp 2: Schreibe auf, was du über die Besonderheiten der Erzählperspektive herausgefunden hast.
Verwende deine Ergebnisse zu Teilaufgabe C.
- Wer ist der Erzähler in der Geschichte?
- Woran kann man das erkennen?
- Was verbindet den Erzähler mit den anderen Figuren der Geschichte?

> **Starthilfe**
> Die Geschichte hat einen …-Erzähler, der …

Tipp 3: Fasse zusammen, welche besonderen Merkmale diese Kurzgeschichte hat.
Verwende deine Ergebnisse zu Teilaufgabe D.
- Welche Merkmale hast du im Einzelnen gefunden?
- Welche Textstellen kannst du dafür als Beleg anführen?

> **Starthilfe**
> Als Leser ist man sofort mitten in der Handlung, denn …

Deine Gedanken kannst du in einem kurzen Schlussteil abrunden.

3 Schreibe zwei bis drei Schlusssätze zu deiner Interpretation.
Du kannst aufschreiben:
- Was ist deine persönliche Meinung zu der Geschichte?
- Wie hat die Geschichte auf dich gewirkt?

Schluss

Deine Interpretation kannst du mit Hilfe einer Checkliste überarbeiten.

4 a. Überprüfe deine Interpretation mit Hilfe der Checkliste.
b. Überarbeite deine Interpretation. Schreibe sie in dein Heft.

Checkliste: Eine Interpretation schreiben	ja	nein
Habe ich in der Einleitung Titel, Textsorte, Autor/Autorin und das Thema genannt?	▪	▪
Habe ich im Hauptteil die wichtigsten Handlungsschritte der Geschichte genannt?	▪	▪
Habe ich die Erzählperspektive beschrieben?	▪	▪
Habe ich das Verhalten der Figuren beschrieben?	▪	▪
Habe ich die Merkmale der Kurzgeschichte am Text belegt?	▪	▪
Habe ich im Schlussteil meine Gedanken zur Geschichte aufgeschrieben?	▪	▪

Z Ein Schüler sagt über die Kurzgeschichte: „Das, was der Busfahrer in diesem Bus gemacht hat, finde ich nicht glaubwürdig. Busfahrer kümmern sich doch kaum um ihre Fahrgäste."

Z 5 Überlege, ob du dieser Aussage zustimmen kannst oder ob du anderer Meinung bist. Schreibe deinen Standpunkt auf und begründe ihn kurz.

Z 6 Wie könnte die Busfahrt am Dienstagmorgen in der Linie 151 verlaufen?
Schreibe eine Fortsetzung der Geschichte aus der Ich-Perspektive. Schreibe in dein Heft.

Starthilfe

Als ich am nächsten Morgen in meinen Bus stieg, ...

Verben mit Vorsilben

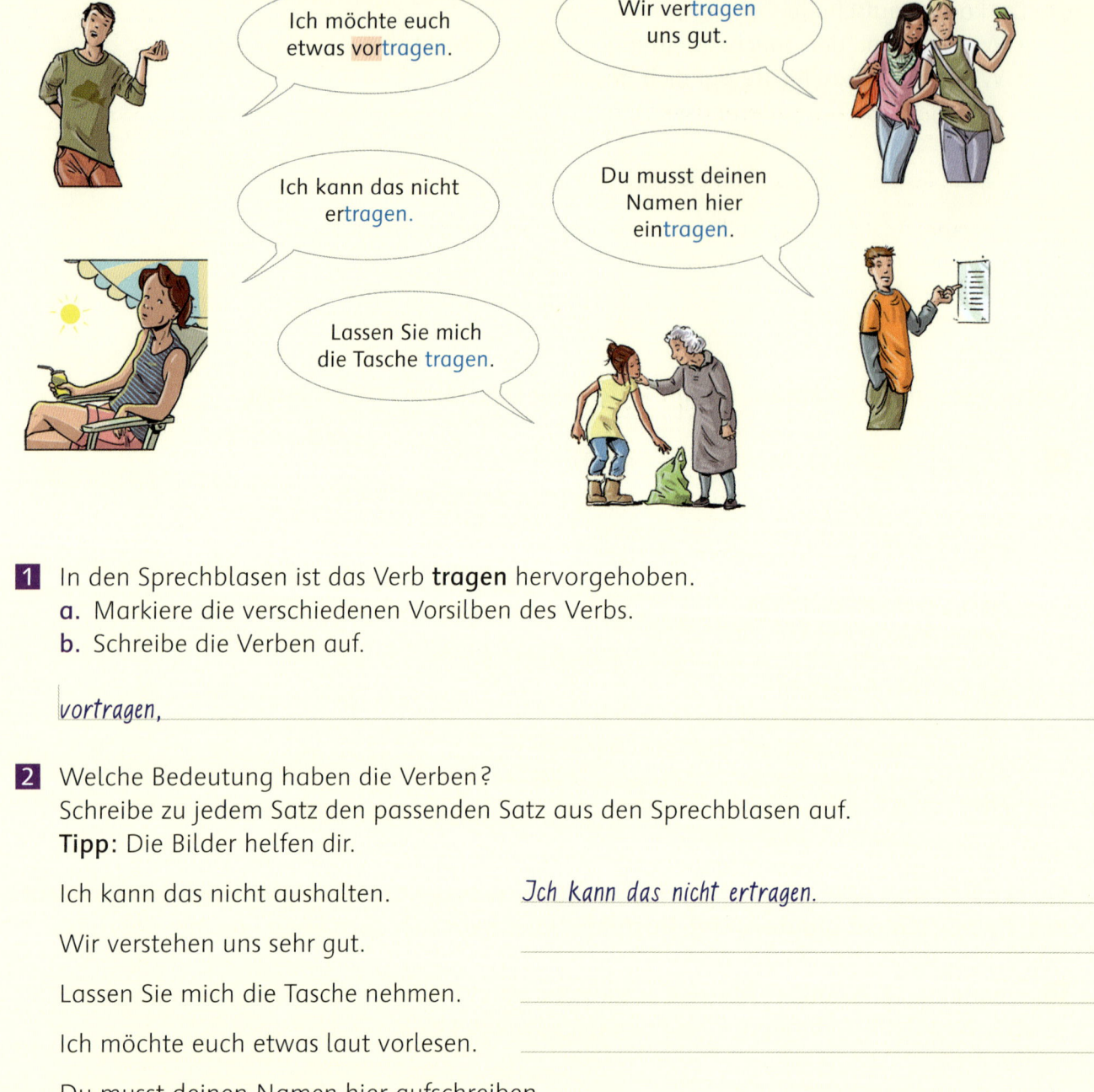

1 In den Sprechblasen ist das Verb **tragen** hervorgehoben.
   a. Markiere die verschiedenen Vorsilben des Verbs.
   b. Schreibe die Verben auf.

vortragen, _____

2 Welche Bedeutung haben die Verben?
   Schreibe zu jedem Satz den passenden Satz aus den Sprechblasen auf.
   Tipp: Die Bilder helfen dir.

   Ich kann das nicht aushalten.   *Ich kann das nicht ertragen.* _____

   Wir verstehen uns sehr gut.   _____

   Lassen Sie mich die Tasche nehmen.   _____

   Ich möchte euch etwas laut vorlesen. _____

   Du musst deinen Namen hier aufschreiben. _____

3 Welches Verb passt in welche Lücke?
   Ergänze die Sätze mit einem passenden Verb aus Aufgabe 1.
   Tipp: Die Verbformen ändern sich.

   Mit seinen Geschwistern _____ er sich selten gut.

   Im Reitstall müssen sich die Jugendlichen in eine Liste _____.

   Nach drei Wochen konnte sie den Gips kaum noch _____.

   Ich nehme die Decke und den Grill. _____ du bitte den Picknickkorb?

4 Schreibe mit den Verben aus Aufgabe 1 eigene Sätze in dein Heft.

Ein Gedicht analysieren

Du liest das Gedicht „Gemeinsam" von Rose Ausländer.

1 a. Lies die folgende Aufgabe genau.

b. Markiere die Aufforderungsverben und die Schlüsselwörter.

→ Der Aufgabenknacker: hintere Umschlagseite

> Lies zunächst das Gedicht mehrmals, bevor du die Aufgaben bearbeitest.
>
> **Aufgabe:** Analysiere das Gedicht „Gemeinsam" von Rose Ausländer.
> Fasse deine Ergebnisse in einem eigenen Text zusammen.
> Gehe dabei so vor:
>
> A   Nenne in der Einleitung den Titel und die Autorin des Gedichts.
> Fasse auch kurz zusammen, worum es in dem Gedicht geht.
> B   Untersuche, welche Rolle das lyrische Ich (der Sprecher oder die Sprecherin)
> in dem Gedicht spielt.
> C   Beschreibe, wie die Gedanken des lyrischen Ichs auf dich wirken.
> D   Nenne auffällige Gestaltungsmittel in dem Gedicht und beschreibe ihre Wirkung.

Gemeinsam   Rose Ausländer (1901–1988)

Vergesset nicht
Freunde
wir reisen gemeinsam

besteigen Berge
5 pflücken Himbeeren
lassen uns tragen
von den vier Winden

Vergesset nicht
es ist unsre
10 gemeinsame Welt
die ungeteilte
ach die geteilte

die uns aufblühen lässt
die uns vernichtet
15 diese zerrissene
ungeteilte Erde
auf der wir
gemeinsam reisen

2 Beschreibe in Stichworten:
• Was siehst du auf dem Bild?
• Was verbindest du damit?

Den Inhalt und die Form erschließen

Die genaue Analyse des Gedichts hilft dir, es zu verstehen.

1 a. Lies das Gedicht mehrmals, Vers für Vers.
b. Worum geht es in dem Gedicht? Kreuze an.
Tipp: Mehrere Antworten sind möglich.

☐ Menschen wollen verreisen.
☐ Freunde unternehmen eine Reise.
☐ Freunde sitzen im Zug.
☐ Freunde sollen das Leben genießen, dabei aber nicht nur an sich denken.
☐ Freunde sollen zusammenhalten und das Leben genießen.

2 Wer wird in dem Gedicht angesprochen?
a. Schreibe eine passende Textstelle auf.
b. Schreibe auf, wer damit gemeint sein könnte.

Zeile

3 Woran erkennst du das lyrische Ich?
a. Markiere Wörter im Gedicht, die dir Hinweise geben.
b. Schreibe deine Vermutungen über das lyrische Ich auf.

4 Wozu fordert das lyrische Ich zweimal auf?
a. Schreibe die Aufforderung in die Sprechblasen.
b. Wie wirkt die Aufforderung auf dich?
Schreibe in die Denkblasen.

wir reisen gemeinsam

es ist unsre gemeinsame Welt

In einem Gedicht kommt es auf die Form und auf jedes einzelne Wort an.

5 Das Wort „reisen" wiederholt sich im Gedicht.
Beantworte diese Fragen in Stichworten.
- An welchen Stellen kommt das Wort „reisen" im Gedicht vor?
- Woran denkst du am Anfang? Was stellst du dir am Schluss des Gedichts vor?

6 Was auf dieser Reise geschieht, wird in der zweiten Strophe genauer gesagt.
a. Verbinde die Verse mit einer möglichen Bedeutung. Ziehe eine Linie.
Z **b.** Du kannst auf die Linien rechts schreiben, was die Verse für dich bedeuten.

2. Strophe	Mögliche Bedeutungen	
besteigen Berge	unbeschwert sein, das Leben genießen	
pflücken Himbeeren	Schwierigkeiten überwinden	
lassen uns tragen/ von den vier Winden	Gelegenheiten ergreifen	

7 Auch die Wörter „gemeinsam"/„gemeinsame" wiederholen sich.
a. Markiere sie im Gedicht.
b. Markiere auch die Wörter, auf die sich „gemeinsam" und „gemeinsame" beziehen.
c. Worauf bezieht sich die Überschrift? Schreibe deine Gedanken dazu auf.

8 „Welt" und „Erde" werden mit Wörtern beschrieben, die Gegensätzliches ausdrücken.
a. Markiere die Stellen im Gedicht.
b. Wie wirken diese Gegensätze auf dich? Schreibe es auf.

9 Über die gemeinsame Welt sagt das lyrische Ich:
„die ungeteilte / ach die geteilte" (Zeile 12).
Wie wirkt dieser Ausruf auf dich? Notiere deine Gedanken dazu.

10 Auffällig im Gedicht ist die Anzahl der Verse in den Strophen.
a. Sieh dir das Gedicht noch einmal als Ganzes an.
b. Was stellst du fest? Schreibe es auf.

11 Die vier Winde und die Erde werden im Gedicht wie Personen dargestellt.
a. Markiere die passenden Textstellen im Gedicht.
b. Welche Wörter machen die Personifikation deutlich? Schreibe sie auf.

vier Winde:

Erde:

12 Wie wirkt die Personifikation der vier Winde und der Erde auf dich?
Schreibe deinen Eindruck auf.

Die vier Winde und die Erde wirken dadurch auf mich, als ob

13 Was hast du über das Gedicht herausgefunden?
Ergänze den Lückentext mit Hilfe deiner Ergebnisse aus den Aufgaben 1 bis 12.

In dem Gedicht wiederholt sich die Aufforderung: „_____" (Zeilen 1

und 8). Angesprochen werden wir als „_____" (Zeile 2). Wir sollen

uns daran erinnern, dass wir „gemeinsam _____" (Zeilen 3 und 18)

in einer „gemeinsame(n) _____" (Zeile 10).

Auf dieser Reise können wir uns „_____" (Zeile 7) tragen lassen,

also unbeschwert sein, das Leben genießen. Das lyrische Ich bedauert aber, dass

die gemeinsame Welt keine einheitliche Welt ist (*Zeilen* _____).

Die Zerrissenheit kann man an den Gegensätzen in den *Zeilen* _____

gut erkennen, mit denen die Erde und die Welt beschrieben werden.

Die Interpretation schreiben und überarbeiten

Du hast das Gedicht genau untersucht. Nun kannst du deine Ergebnisse
in einem eigenen Text zusammenfassen.

1 Schreibe die Einleitung.
    a. Nenne die Textsorte, den Titel und die Autorin des Gedichts.
    b. Schreibe auch, worum es in dem Gedicht geht.
    Tipp: Verwende deine Ergebnisse aus Aufgabe 1 von Seite 40.

> Einleitung

2 Schreibe den Hauptteil in dein Heft.
    Fasse deine Ergebnisse aus den Aufgaben 2 bis 13 zusammen.
    Formuliere in einem zusammenhängenden Text, was du
    herausgefunden hast.

> Hauptteil

3 Schreibe zwei bis drei Schlusssätze.
    Du kannst aufschreiben:
    • Was ist deine persönliche Meinung zu dem Gedicht?
    • Wie wirkt das Gedicht auf dich?

> Schluss

Deinen Text kannst du mit Hilfe einer Checkliste überarbeiten.

4 **a.** Überprüfe deine Interpretation mit Hilfe der Checkliste.
    b. Überarbeite, wenn es notwendig ist.

Checkliste: Ein Gedicht analysieren und interpretieren	ja	nein
Habe ich in der Einleitung den Titel des Gedichts und den Namen der Autorin genannt?	▪	▪
Habe ich in der Einleitung auch geschrieben, worum es in dem Gedicht geht?	▪	▪
Habe ich im Hauptteil das lyrische Ich und wichtige Gestaltungsmittel untersucht?	▪	▪
Habe ich dabei auch beschrieben,		
– wie die Gedanken des lyrischen Ichs auf mich wirken?	▪	▪
– wie die Gestaltungsmittel auf mich wirken?	▪	▪
Habe ich am Schluss meine eigene Meinung zu dem Gedicht aufgeschrieben?	▪	▪

Formulierungen für die Bewerbung

Sina, Ramon und Katja wollen sich um einen Ausbildungsplatz bewerben.

☐ Sina ist an einer Ausbildung als Baugeräteführerin interessiert.

☐ Ramon interessiert sich für eine Ausbildung als Medizinischer Fachangestellter.

☐ Katja hat Interesse an einer Ausbildung als Raumausstatterin.

1 Welches Bild passt zu welchem Ausbildungsberuf? Schreibe die Nummern in die Kästchen.

2 Wie formulieren Sina, Ramon und Katja ihr Interesse für einen bestimmten Beruf?
a. Schreibe die Sätze mit den hervorgehobenen Wortgruppen in der Ich-Form auf.
Tipp: Du musst die Verbformen und das Pronomen **sich** verändern.
b. Markiere die Wortgruppen in deinen Sätzen.

Sina: *Ich bin an einer Ausbildung* _____

Ramon: _____

_____

Katja: _____

3 Und für welchen Beruf interessierst du dich?
a. Wähle eine Formulierung aus Aufgabe 2 aus.
b. Schreibe mit dieser Formulierung einen Satz auf.

_____
_____
_____

Katja arbeitet in der AG Künstlerische Gestaltung mit.
Zu ihren Aufgaben gehört es, sich um die Materialien zu kümmern.

4 Wie kann Katja im Bewerbungsschreiben formulieren, dass sie in der AG mitarbeitet und was sie dort tut? Schreibe zwei Sätze auf.
Tipp: Du kannst die Formulierungen vom Rand nutzen.

> Ich bin Mitglied …
> Ich gehöre … an.
> Ich arbeite in … mit.

> kümmere mich um …
> bin zuständig für …
> bin verantwortlich für…
> Dazu gehört, dass ich …

_____
_____
_____
_____

Die Bewerbung vorbereiten

In jedem Beruf sind besondere Eigenschaften und Fähigkeiten gefragt.

> Ich bin ein guter Streitschlichter.

> Mein größtes Hobby ist das Klettern.

> Ich erkläre unserem 80-jährigen Nachbarn gerne etwas an seinem Computer.

> In der Partner- oder Gruppenarbeit kann ich am besten lernen.

> Ich spreche gut Englisch und fließend Italienisch.

> Ich arbeite in einer Modellbau-AG mit.

1 Welche Stärken haben die Schülerinnen und Schüler?
Ordne den Sprechblasen die Eigenschaften und Fähigkeiten zu. Schreibe sie auf die Linien.

Konfliktfähigkeit, Teamfähigkeit, Körperbeherrschung, Mehrsprachigkeit,
handwerkliches Geschick, Einfühlungsvermögen

Für die folgenden Ausbildungsplätze werden bestimmte Stärken verlangt.

Ausbildung zum Altenpflegehelfer (m/w) **ab 01.08.2015**	**Ausbildung zum Gerüstbauer (m/w)** **ab 01.08.2015**
Dich erwartet eine qualifizierte Ausbildung in der Pflege und Betreuung von älteren Menschen unter Anleitung einer Fachkraft. Anforderung: mindestens Hauptschulabschluss, Interesse an organisatorischen Tätigkeiten, Kontaktfreude sowie ein offenes Ohr für die Bedürfnisse und Sorgen älterer Menschen.	Du bist schwindelfrei und willst einen aufregenden Beruf? Gerüstbauer/-innen planen und bauen Gerüste an Wohn- und Bürohäusern. Unsere Anforderungen an dich: mindestens Hauptschulabschluss, Interesse an handwerklicher Tätigkeit, Körperbeherrschung und Sorgfalt.

2 Welche Stärken werden von den Bewerberinnen und Bewerbern gefordert?
Markiere in beiden Anzeigen passende Textstellen.

3 Welche Stärken aus Aufgabe 1 passen zu den Ausbildungsberufen?
Schreibe sie unter den jeweiligen Beruf.

Ein Bewerbungsschreiben überarbeiten

Mario hat seine Bewerbung geschrieben. Sie muss noch überarbeitet werden.

☐ Mario Muri
Geibelstraße 5
48565 Steinfurt
Tel.: 02551/77XX3
E-Mail: mario.muri@mail.com

☐ Steinfurt, 29.03.2015

☐ Seniorenheim Haus Anton
Herrn Karl Kurze
Niedstraße 12
48565 Steinfurt

☐ **Ihre Anzeige in der Steinfurter Zeitung vom 19.03.2015**
Ich bewerbe mich um einen Ausbildungsplatz als Altenpflegehelfer.

☐ Sehr geehrter Herr Kurze,

☐ hiermit bewerbe ich mich bei Ihnen um einen Ausbildungsplatz als Altenpflegehelfer.

☐ Mit großem Interesse habe ich Ihre Anzeige in der Steinfurter Zeitung gelesen und mich daraufhin auf Ihrer Homepage über das Haus Anton informiert.

☐ Mein dreiwöchiges Schülerpraktikum habe ich im Herbst 2014 in einer Rehaklinik gemacht. Dabei habe ich besonders gern mit älteren Menschen zu tun gehabt. Ich habe ihnen beim Essen und Anziehen geholfen und sie auf Spaziergängen begleitet. Meine Muttersprache ist Italienisch und ich kann gut mit Menschen aus verschiedenen Ländern umgehen.

☐ In meiner knappen Freizeit spiele ich unheimlich gerne Keyboard. Außerdem erkläre ich unserem 80-jährigen Nachbarn, der seit 5 Jahren gegenüber wohnt, regelmäßig Sachen am Computer oder wir spielen zusammen Backgammon.

☐ _____

_____

☐ Über eine Einladung zu einem Gespräch würde ich mich sehr freuen.

☐ _____

☐ *Mario Muri*

☐ **Anlagen:** Lebenslauf, Lichtbild, letztes Schulzeugnis, Praktikumsbescheinigung

Ein Bewerbungsschreiben folgt einem bestimmten Aufbau.

1 Überprüfe den Aufbau von Marios
Bewerbungsschreiben mit Hilfe der Liste am Rand.
- a. Schreibe die Nummern der passenden Textteile
  in die Kästchen des Bewerbungsschreibens.
- b. Welche Textteile fehlen in Marios Bewerbung?
  Markiere sie in der Liste am Rand.

1	Ort und Datum
2	Adresse des Absenders
3	Adresse des Empfängers
4	Betreff
5	Anrede

das eigentliche Anschreiben:

6	• Anlass des Anschreibens
7	• Grundlage der Bewerbung
8	• besondere Voraussetzungen
9	• besondere Interessen
10	• Angaben zur Schullaufbahn
11	• Bitte um Einladung
12	Grußformel
13	Unterschrift
14	Hinweis auf Anlagen

2 Überarbeite den Betreff.
- a. Kürze die zweite Zeile so, dass nur das Wichtigste
  genannt wird.
- b. Schreibe die verbesserte Betreffzeile hier auf.

Tipp: In der Betreffzeile stehen Stichworte,
keine vollständigen Sätze.

3 Im vierten Absatz hat Mario seine besonderen Interessen zu ausführlich beschrieben.
- a. Markiere die Aussagen, die für den Ausbildungsbetrieb wichtig sind.
- b. Schreibe die verbesserte Fassung des Absatzes hier auf.

4 Der Absatz über Marios Schulzeit fehlt.
Schreibe mit Hilfe der Angaben den Absatz
in das Bewerbungsschreiben auf Seite 46.

Starthilfe

Zurzeit besuche ich …

Steinfurter Gesamtschule, 9. Klasse,
Qualifizierender Hauptschulabschluss, Sommer 2015

5 In Marios Text fehlt der abschließende Gruß.
Schreibe eine passende Grußformel in das Bewerbungsschreiben.

**Das überarbeitete Bewerbungsschreiben kannst du als Muster
in dein Bewerbungsportfolio einheften.**

6 Schreibe das überarbeitete Bewerbungsschreiben vollständig mit dem Computer ab.
Tipp: Achte auf die richtige äußere Form.

Der tabellarische Lebenslauf

Zu einer vollständigen Bewerbung gehört ein Lebenslauf mit Foto.

1 Ordne die Angaben für Marios Lebenslauf.
  a. Nummeriere die Angaben in der richtigen Reihenfolge.
  b. Schreibe passende Teilüberschriften über die Angaben.
Tipp: Das Muster am Rand hilft dir.

Lebenslauf	
1	Zur Person
2	Schulbildung
3	Praktische Erfahrung
4	Besondere Interessen und Kenntnisse
5	Datum Unterschrift

☐ Steinfurt, 29. März 2015

Mario Muri

☐ _____

01.10.–21.10.2014	Praktikum in der Rehaklinik II, Steinfurt
seit Frühjahr 2013	regelmäßige Besuche des alten Nachbarn zur Hilfe am Computer

☐ _____

Sprachkenntnisse:	Deutsch und Italienisch, Grundkenntnisse Englisch
Computerkenntnisse:	Textverarbeitungsprogramme
Hobbys:	Keyboard, Fußball

1 *Zur Person*

Name:	Muri
Vorname:	Mario
Anschrift:	Geibelstraße 5
	48565 Steinfurt
Telefon:	02551/77XX3
E-Mail:	mario.muri@mail.com
Geburtsdatum:	01.03.1999
Geburtsort:	Lecce / Italien

☐ _____

01.09.2009–31.08.2015	Steinfurter Gesamtschule, Steinfurt Qualifizierender Hauptschulabschluss voraussichtlich im Sommer 2015
01.09.2005–31.08.2009	Scuola Alighieri, Lecce/Italien (Grundschule)

Den überarbeiteten Lebenslauf kannst du als Muster
in dein Bewerbungsportfolio einheften.

2 Schreibe den überarbeiteten Lebenslauf vollständig mit dem Computer ab.
  Tipp: Achte auf die richtige äußere Form und verwende die Überschrift „Lebenslauf".

Wortgruppen mit Präpositionen

Manche Wortgruppen kommen in vielen Bewerbungsschreiben vor.

Hiermit möchte ich mich bei Ihnen
um einen Ausbildungsplatz als Koch bewerben.
Ihre Anzeige im Neustädter Wochenspiegel habe ich
mit großem Interesse gelesen und mich
auf Ihrer Homepage über Ihr Restaurant informiert.
Während meines Praktikums in einem Hotelrestaurant
habe ich schon Erfahrungen gesammelt.

1 In den Sätzen sind einige Wortgruppen mit Präpositionen hervorgehoben.
Schreibe die Wortgruppen auf.

2 Schreibe die folgenden Wortgruppen noch einmal auf die Zeilen darunter.

über Ihren Betrieb informieren, auf Ihrer Homepage informieren, um eine Lehrstelle bewerben,
während des Praktikums den Betrieb kennen lernen, in einem Betrieb Erfahrungen sammeln,
mit dem Hauptschulabschluss beenden, zu einem Gespräch einladen

3 Ergänze in den folgenden Sätzen passende Wortgruppen aus den Aufgaben 1 und 2.
Tipp: Manchmal musst du die Verbformen verändern.

Ihre Anzeige habe ich _____ .

Im Internet habe ich mich _____ .

Ich möchte mich bei Ihnen _____ .

In diesem Beruf habe ich schon _____ .

Ich würde mich sehr freuen, wenn Sie mich _____ .

4 Schreibe mit drei weiteren Wortgruppen aus Aufgabe 1 oder 2 eigene Sätze in dein Heft.

Die Arbeitstechniken

Dein Rechtschreib-Check

Mit dem Rechtschreib-Check kannst du prüfen, ob du alles richtig geschrieben hast.

Checkpunkt **1**: Deutlich sprechen – genau hinhören

1 a. Sprich dir die hervorgehobenen Wörter
Buchstabe für Buchstabe langsam und deutlich vor.
b. Entscheide: Sind die Wörter richtig oder falsch geschrieben?
c. Streiche die Fehlerwörter durch.
d. Berichtige jedes Fehlerwort und schreibe es
auf die Linie darüber.

Achtung: Fehler!

📖 Haithabu – Wo schon die Wikinger lebten

Norden

Im Nordn von Deutschland, in der Nähe von Schleswig, gibt es ein Musuem

mit dem eigenartigen Namen Haithabu. Während der Wikingerzeit (9. bis 11. Jahrhundert)

war Haithabu eine frühmittelalterliche Stadt, in der viel Handl betrieben wrde. Heute lädt

Haithabu als Museum dazu ein, Interessantes und Spannendes aus dem Lepen

der Wikinger zu ekrunden. Das historische Freigelände kann zu Fuß erforscht werdn.

Im Museumshaus warten spektakuläre Funde auf die Bsucher.

2 Schreibe den verbesserten Text
fehlerfrei in dein Heft.

Checkpunkt **2**: Lang oder kurz?

3 In der Wörterliste sind Vokale **fett** geschrieben.
   a. In welchen Wörtern sprichst du einen kurzen Vokal,
      in welchen Wörtern sprichst du einen langen Vokal?
   b. Setze unter kurze Vokale einen Punkt. Unterstreiche lange Vokale.
   c. Markiere die Konsonanten hinter den Vokalen.

   geben, der Hafen, wann, das Dock, lesen, das Gesetz, die Sonne, wissen, die Züge, sagen

4 Wende Checkpunkt **2** bei dem folgenden Text an.
   a. Entscheide: Sind die Wörter richtig oder falsch geschrieben?
   b. Streiche die Fehlerwörter durch. Schreibe sie richtig auf die Linie darüber.
   c. Schreibe den verbesserten Text fehlerfrei in dein Heft.
   Tipps: Vor **l**, **m**, **n**, **r** steht manchmal ein **h**: die Se**h**nsucht.
   Langes **i** ist meist **ie**: die Li**e**be.

📖 **Der Hafen von Haithabu**

> **Achtung:**
> **Fehler!**

Bei Ausgrabungen im Hafen haben Wisenschaftler das Wrak eines alten Kriegsschiffes

gefunden. Dabei entdeckten sie im Boden auch regelmäßige Pfalreihen. Die Forscher

konnten erkenen, dass diese Pfahlreihen früher einmal die Hafenanlage stüzen mussten.

Eine große Platform aus Holz dinte als Handels- und Umschlagplatz.

Checkpunkt **3**: Verwandtes Wort?

Findest du ein Wort schwierig? Dann finde ein verwandtes Wort, das du sicher schreiben kannst. Denn den Wortstamm in verwandten Wörtern schreibst du immer gleich:

fällen mit ä und ll so wie fallen   das Fahrrad, die Fahrbahn so wie fahren
die Kräfte mit ä so wie die Kraft mit a   der Käufer mit äu so wie kaufen mit au

5 Finde zu jedem Wort ein verwandtes Wort. Schreibe es auf.

   die Fußbälle – _____   das Gebäude – _____

   zählen – _____   häuten – _____

6 Wende Checkpunkt **3** bei dem folgenden Text an.
- a. Finde zu jedem hervorgehobenen Wort ein verwandtes Wort.
- b. Entscheide: Sind die Wörter richtig oder falsch geschrieben?
- c. Streiche die Fehlerwörter durch. Schreibe sie richtig unter den Text.
- d. Schreibe den verbesserten Text fehlerfrei in dein Heft.

📖 Alle (vier) Jahre wieder – Die Fußball-WM

Achtung: Fehler!

Im regelmeßigen Abstand von vier Jahren findet die Fußball-Weltmeisterschaft statt.
Viele Lender haben den Wettbewerb der besten Fußball-Nationalmannschaften
schon einmal ausgerichtet. Die Gastgeber bemühen sich nach Kreften,
den Sportlern und unzehligen Gästen einen angenehmen Aufenthalt
5 zu ermöglichen. Neue Stadien werden gebaut, heufig entstehen auch
ganz neue Hotelanlagen. Wenn der Ball dann rollt, fiebern die Fans
in aller Welt mit. Die Fußballprofis absolvieren ein Spiel
nach dem anderen und selten geht das ohne Verletzungen aus.
So mancher Spieler verließ den Platz schon mit bleulichen Flecken,
10 einem Benderriss oder Schlimmerem.

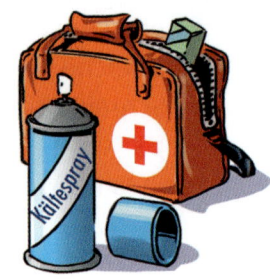

Checkpunkt **4**: b oder p, d oder t, g oder k am Wortende?
                  Am Ende des Wortstamms?

Verlängere das Wort. Dann hörst du, wie es endet:
     der Korb – die Körbe; das Schild – die Schilder; er folgt – folgen

7 Prüfe, ob in den Sätzen die hervorgehobenen Wörter richtig geschrieben sind.
- a. Verlängere die Wörter.
- b. Entscheide: Sind die Wörter richtig oder falsch geschrieben?
- c. Streiche die Fehlerwörter durch. Schreibe sie richtig unter den Text.
- d. Schreibe den verbesserten Text fehlerfrei in dein Heft.

Achtung: Fehler!

📖 Auf der Pferderennbahn

Sandro und Stefan standen am Rant der Pferderennbahn und schauten gebannt hinüber.
Ein Jockey mit gelpgrünem Shirt führte. Der Sand unter den Hufen der Pferde staubte.
Da hupte jemand. Ein Pferd erschrag und brach nach links aus.
Sein Jockey hop vor Schreck eine Hand. Das Pferd bliep einfach
mitten auf der Rennbahn stehen. Doch dann setzte es mit einem leichten Trab
seinen außerplanmäßigen Spaziergang fort und trottete zurück in den Stall.

Checkpunkt 5 : Groß oder klein?

Nomen schreibst du groß. Mit diesen Fragen erkennst du Nomen:
- Hat das Wort einen oder mehrere Begleiter?
- Endet das Wort auf -ung, -heit, -keit oder -nis?
- Gibt es vor dem Wort einen der besonderen Begleiter:
  am, beim, zum, etwas, alles, nichts, viel?

8 Wende Checkpunkt 5 bei dem folgenden Text an.
   a. Prüfe, ob die hervorgehobenen Wörter **Nomen** sind.
   b. Entscheide: Sind die Wörter im Text richtig oder falsch geschrieben?
   c. Streiche die Fehlerwörter durch. Schreibe sie mit den Begleitern richtig unter den Text.
   d. Schreibe den verbesserten Text fehlerfrei in dein Heft.

Der Kater

Lässig liegt er auf der fensterbank und beobachtet die Schwalben,
die sich vom dach herunterstürzen. Voller Genugtuung räkelt er sich.
Das nasskalte wetter draußen kann ihm und seiner heiterkeit nichts anhaben.
Bis zur dunkelheit wird er sich kaum von seinem Platz wegbewegen.
Nur zum essen und Trinken trabt er manchmal in die Küche. Beim fressen
will er nicht gestört werden. In einem der Näpfe findet er immer etwas leckeres.

Achtung:
Fehler!

die Fensterbank

Checkpunkt 6 : Komma – ja oder nein?

9 Wende Checkpunkt 6 bei dem folgenden Text an.
   Setze die fehlenden Kommas.
   • Findest du Satzgefüge mit **weil** und **obwohl**?
   • Findest du Relativsätze?
   Tipp: Nebensätze können auch in den Hauptsatz eingeschoben sein.
   Dann musst du davor und dahinter ein Komma setzen.

Kommas
fehlen!

Auf zur Insel

Auch in diesem Jahr fahren Myriam und Felix wieder gemeinsam in das Jugendcamp das auf
der kleinen Insel liegt. Sie genießen die frische Meeresbrise obwohl es leicht regnet. Während
der Überfahrt zur Insel die sie schon zum dritten Mal besuchen planen sie ihre Ferien. Myriam möchte
oft zum Strand gehen weil sie dort gut entspannen und lesen kann. Felix will surfen lernen.
Die Ausrüstung wird er sich in dem Surfladen der in Strandnähe liegt ausleihen. Am ersten Abend
gehen sie zum Lagerfeuer das die Jugendherberge veranstaltet.

10 Schreibe den verbesserten Text fehlerfrei in dein Heft.

Die Trainingseinheiten

Verben und Adjektive werden zu Nomen

Ob Haie etwas gegen das Internet haben?
Nach dieser Zeitungsmeldung könnte man es fast glauben.

Haie knabbern am Internet |

Ein amerikanischer Internetanbieter | hat beim Verlegen |
von Unterwasserkabeln im Atlantik | nicht an die Haie
gedacht. | Die haben sich nämlich | etwas Fürchterliches
ausgedacht, | um der Menschheit zu schaden. |
5 Nach dem Versenken der Kabel | und dem Freischalten
der Internetverbindung | zwischen Europa und den USA |
kam es immer wieder zu Störungen. | Medienberichten zufolge | sollen Haie beim Anknabbern
der Glasfaserkabel | gesichtet worden sein. | Tatsächlich hatte ein Taucher | beim Filmen unter Wasser |
sie dabei beobachtet, | wie sie in das Glasfaserkabel bissen. | Ob sie illegal das Internet anzapfen wollten |
10 oder etwas anderes Kriminelles vorhatten, | ist nicht bekannt. | Wollten sie sich vielleicht | auch dafür
rächen, | dass sie im Internet einen schlechten Ruf haben | und über sie dort nichts Freundliches
gesagt wird? | Jedenfalls sollen die Kabel | nun durch das Verpacken | mit speziellen Kunststoffen |
besser geschützt werden. |

1 Im Text kommen Nomen vor, die aus Verben
entstanden sind.
   a. Finde diese Nomen und markiere sie blau.
   b. Markiere auch ihre Begleiter.
   c. Schreibe diese Nomen mit ihren Begleitern auf.

beim Verlegen,

> **Merkwissen**
>
> **Verben** können **zu Nomen** werden.
> Dann haben sie Begleiter, z. B.
> bestimmte oder unbestimmte Artikel,
> Adjektive, Pronomen oder
> Zahlwörter sowie **am, beim, zum**.

2 In den folgenden Sätzen sind einige Wörter in Großbuchstaben geschrieben.
   a. Entscheide: Sind sie Nomen?
   b. Markiere die Wörter, die Nomen sind.
   c. Schreibe die Sätze in richtiger Groß- und Kleinschreibung auf.

Haie sind in den Weltmeeren in vielen Arten VERTRETEN. Sie unterscheiden sich
im AUSSEHEN und in der Größe. Beim SCHWIMMEN GLEITEN sie elegant durchs Wasser.
Besonders durch UNKONTROLLIERTES BEIFISCHEN sind Haie heute bedroht.

Im Trainingstext kommen auch Nomen vor, die aus Adjektiven entstanden sind.

3 Welche Nomen im Text sind aus Adjektiven entstanden?
    a. Markiere diese Nomen und ihre Begleiter.
    Tipp: Ein Nomen ist schon markiert.
    b. Schreibe diese Nomen zusammen mit ihren Begleitern auf.

4 **a.** Mache die folgenden Adjektive zu Nomen.
    b. Schreibe jedes dieser Nomen mit
       zwei unterschiedlichen Begleitern auf.
    Tipp: Die Endung verändert sich.

> **Merkwissen**
>
> **Adjektive** können **zu Nomen** werden. Dann haben sie oft die Begleiter **der**, **das**, **die**, **alles**, **etwas**, **nichts** oder **viel**.

spezifisch, ursprünglich, besonders, unwichtig, wertvoll

das Spezifische, etwas Spezifisches

5 Die Adjektive am Rand können durch einen Artikel
    oder **im** zu Nomen werden.
    a. Mache diese Adjektive durch einen passenden Begleiter zu Nomen.
    b. Schreibe sie einmal mit dem Artikel **das** auf und
       einmal mit **im**.
    Tipp: Die Endung verändert sich.

> wesentlich
> allgemein
> weiter
> groß und ganz

das Wesentliche, im Wesentlichen

6 In den folgenden Sätzen sind einige Wörter in Großbuchstaben geschrieben.
    a. Entscheide: Sind sie Nomen?
    b. Markiere die Wörter, die Nomen sind.
    c. Schreibe die Sätze in richtiger Groß- und Kleinschreibung auf.

DAS AUFFÄLLIGE an den Haien sind IHRE HAKENFÖRMIGEN SCHWANZFLOSSEN. Haie halten sich gern in Küstennähe auf, weil sie dort VIEL NAHRHAFTES finden. Menschen gehören IM ALLGEMEINEN nicht zu ihrer Beute. DER RIESIGE WALHAI ernährt sich sogar IM WESENTLICHEN von Plankton.

Getrenntschreibung

Ein Beruf auch für Männer |

Jannis möchte mit seiner Berufsberaterin, Frau Klomm, | ein Gespräch führen. | Er möchte Genaueres | über den Beruf des Erziehers erfahren. | Frau Klomm erklärt, | dass dieser Beruf sehr abwechslungsreich ist, | aber auch viel verlangt. |

5 Man brauche vor allem Einfühlungsvermögen, | z. B. wenn die Kinder Angst haben. | Je nach Alter der Kinder | unterscheiden sich die Aufgaben des Erziehers. | Die Kleinsten müssen noch laufen lernen, | und man sollte ganz besonders | auf sie Acht geben. | Die Großen bereiten sich schon auf die Schule vor | und wollen rechnen üben. |

10 Die Kinder sollen auch lernen, | soziale Kontakte aufzubauen. | Außerdem muss ein Erzieher | viel Geduld haben. | Denn nicht selten | muss er auch einen Streit schlichten. | Jannis weiß, | dass für Kinder | auch männliche Vorbilder wichtig sein können. | Der Beruf des Erziehers | wird heute noch | zu 96 Prozent von Frauen ausgeübt. | Das müsste eigentlich anders sein. |

1   Welchen Berufswunsch hat Jannis? Markiere die Antwort im Text.

2   **a.** Im Text sind Wortgruppen aus **Nomen + Verb** und **Verb + Verb** hervorgehoben.
       b. Schreibe die Wortgruppen in die Tabelle.

Wortgruppen aus Nomen und Verb	Wortgruppen aus Verb und Verb
ein Gespräch führen	

Wortgruppen aus Nomen und Verb schreibst du getrennt.

3   Ergänze die Sätze mit passenden Wortgruppen vom Rand.

> Grenzen aufzeigen
> Rad fahren
> Halt geben
> Bescheid geben

Die Berufsberaterin wird Jannis _____ _____,

sobald ein Ausbildungsplatz frei ist.

Da er keinen Führerschein besitzt, wird er _____ _____.

Als Erzieher muss er den Kindern _____, er sollte ihnen

aber auch _____.

Wortgruppen aus Verb und Verb schreibst du getrennt.

4 Ergänze die Sätze mit passenden Wortgruppen vom Rand.

> lesen üben
> schätzen lernen
> liegen bleiben
> schwimmen gehen

Wenn ein Kind Probleme hat, kann alles andere

auch mal _____ _____ .

Im Hort muss ein Erzieher mit den Kindern auch _____ _____ .

Im Sommer wollen die Kinder jeden Tag _____ _____ .

Nach einem langen Tag wird Jannis seine Freizeit _____ _____ .

Wortgruppen aus Adjektiv oder Adverb + sein schreibst du getrennt und klein.

5 Im Trainingstext sind zwei Wortgruppen mit **sein** hervorgehoben.
Schreibe die Wortgruppen auf.

_____

6 Welche Wortgruppen vom Rand passen in welche Lücken?
Schreibe die Sätze mit den passenden Wortgruppen auf.

> pünktlich sein
> offen sein
> zufrieden sein

Mit seiner Berufswahl wird Jannis hoffentlich _____ _____ .
Natürlich wird er jeden Morgen _____ _____ .
Erzieherinnen und Erzieher müssen für die Bedürfnisse der Kinder _____ _____ .

_____
_____
_____
_____

Auch Wortgruppen mit anderen Formen von sein schreibst du getrennt und klein.

7 In den folgenden Sätzen kommen Wortgruppen
mit anderen Formen von **sein** vor.
a. Markiere die Wortgruppen.
Tipp: Die Wortgruppen am Rand helfen dir.
b. Schreibe die Sätze in dein Heft.

> offen sein
> dort sein
> zufrieden sein

Wenn die Kita-Leiterin mit Jannis zufrieden ist, kann er vielleicht übernommen werden.
Er hat inzwischen die Erfahrung gemacht, dass die meisten Eltern gegenüber männlichen
Erziehern offen sind. Er kennt die Räume und den Spielplatz der Kita gut, weil er während
seines Praktikums mehrmals dort war.

W 8 Wähle eine Aufgabe aus:
- Schreibe den Trainingstext in dein Heft.
- Schreibe eigene Sätze mit den Wortgruppen aus der Tabelle von Aufgabe 2 auf.

Fremdwörter mit c, ph, th und y

Tobi, Meriem und Alex sprechen über Arbeitsgemeinschaften.

Tobi:	Ich bin schon | auf die neuen Arbeitsgemeinschaften gespannt: | Mich interessiert die Kunst-AG. | Da konnten sie beim letzten Mal | Comics zu einem selbst gewählten Thema | mit einer eigenen Story zeichnen. |
5 Meriem:	Ich möchte wieder | in die Theater-AG. | Beim letzten Mal | hatten wir da einen coolen Auftritt | in der Aula | mit einem eigenen Musical. | Damit feierten wir einen großen Triumph. |
Alex:	Die Technik-AG finde ich interessant. | Da dreht sich alles | um Physik | und man lernt die Bauteile | eines Handys kennen. |
10	Ich würde gerne | Methoden kennen lernen, | den eigenen Computer aufzurüsten. |

1   Im Text sind einige Fremdwörter mit **c**, **ph** und **th** hervorgehoben.
Schreibe die Wörter in der Grundform auf,
die Nomen mit Artikeln.
Tipp: Wenn du unsicher bist, benutze ein Wörterbuch.

> **Merkwissen**
>
> In **Fremdwörtern** wird
> **c** oft wie **k** gesprochen,
> **ph** wird wie **f** gesprochen.

Wörter mit c: *der Comic,* _____

Wörter mit ph: _____

Wörter mit th: _____

In diesen Fremdwörtern wird c wie k gesprochen:

   das Café, die Crème, der Clown, die Couch, das Camping, das Casting, die Cloud, der Clip

2   Sortiere die Nomen nach dem Alphabet und schreibe sie mit den Artikeln auf.

   das Café, _____

In diesen Fremdwörtern wird ph wie f gesprochen:

   der Triumph, alphabetisch, die Philosophie, philosophieren, der Physiker, die Phase, phasenweise, alphabetisieren, physikalisch, das Alphabet, triumphieren

3   Schreibe die Fremdwörter nach Wortarten sortiert auf.

Nomen: *der Triumph,* _____

Verben: _____

Adjektive: _____

4 Was bedeuten die Nomen aus Aufgabe 3?
Ordne sie der richtigen Erklärung zu.

ein Naturwissenschaftler: _____   der Sieg: _____

die Weltanschauung: _____   der Zeitabschnitt: _____

Diese Fremdwörter werden mit th geschrieben:

das Thema, der Mathematiker, athletisch, die Leichtathletik, thematisch, mathematisch,
die Theorie, theoretisch, der Theoretiker, thematisieren, die Mathematik, die Athletin

5 Welche Wörter aus der Wörterliste gehören zu einer Wortfamilie?
  a. Schreibe sie nebeneinander auf.
  b. Markiere in jedem Wort das **th**.

das Thema, thematisch, thematisieren, _____

_____

_____

_____

**Einige Fremdwörter aus dem Englischen enden auf -y. Diese Wörter schreibt man
auch in den Pluralformen mit -y, z. B. das Hobby – die Hobbys.**

6 Finde im Text auf der Seite 58 zwei Nomen mit **y** am Ende.
  a. Markiere die Wörter im Text.
  b. Schreibe die Nomen im Singular und im Plural mit den Artikeln auf.

die Story, _____

7 In der Liste am Rand findest du weitere Wörter mit **y** am Ende.
  a. Schreibe die Wörter im Singular und im Plural auf.
  b. Markiere im Singular das **y**, im Plural **ys**.

das Baby, der Teddy,
das Hobby, die Party

_____

_____

Die Fremdwörter kannst du dir durch Wörterlistentraining einprägen.

8 a. Schreibe mit den Wörtern aus den Aufgaben 1 bis 7 Wörterlisten
     mit jeweils 8 bis 10 Wörtern auf.
  b. Präge dir die Wörter ein.
  c. Decke die Wörterlisten ab. Schreibe die Wörter einer Liste
     aus dem Gedächtnis in dein Heft. Kontrolliere sie anschließend.

Zeichensetzung

Komma bei Infinitivsätzen

Fotografie im Wandel

1 Weißt du, wie deine Eltern früher fotografiert haben? Damals brauchte man noch Filme, um zu fotografieren. Darauf hatten oft nur 36 Fotos Platz, manchmal auch nur 8 oder 12. Deshalb konnte man kaum fotografieren, ohne
5 vorher das Motiv sorgfältig ausgewählt zu haben. Der Film wäre sehr schnell voll gewesen. Heute haben auf winzigen Speicherkarten mehrere Tausend Fotos Platz. Damals musste man die Fotos entwickeln lassen, anstatt sie gleich auf dem Display zu betrachten. Erst mehrere Tage später
10 wusste man, ob die Bilder auch gelungen waren.

2 Mit der Erfindung der Digitalkamera am Ende des 20. Jahrhunderts gab es für die Fotografie völlig neue Möglichkeiten. Bis dahin musste man die Bilder erst einscannen um sie auf dem Computer zu speichern. Jetzt kann man sie von der Kamera direkt auf den PC übertragen. Heute nutzt man oft Bildbearbeitungsprogramme anstatt die Einstellungen an der Kamera
15 ständig zu verändern. In den sozialen Netzwerken kann man seine Fotos sofort mit Freunden teilen ohne großen Aufwand zu treiben.

1 Seit wann gibt es Digitalkameras? Finde die Antwort im Text und schreibe einen Satz auf.

2 Im ersten Absatz findest du drei Sätze, die zu den Satzbildern aus dem Merkwissen passen.
    a. Markiere in diesen Sätzen die Verben im Infinitiv und die Wörter **um ... zu**, **ohne ... zu** und **anstatt ... zu**.
    b. Markiere auch die Kommas vor **um**, **ohne**, **anstatt**.

3 Im zweiten Absatz fehlen die Kommas. Setze die Kommas.

4 **a.** Schreibe die Infinitivsätze aus dem zweiten Absatz auf.
    b. Markiere die Wörter **um**, **ohne**, **anstatt** sowie **zu + Infinitiv**.
    c. Markiere die Kommas mit einem Pfeil.

> **Merkwissen**
>
> Infinitivsätze beginnen oft mit den Signalwörtern **anstatt**, **um** oder **ohne**.
> Sie enden mit **zu + Infinitiv**.
> Hauptsatz und Infinitivsatz werden durch Komma getrennt.
>
> ↙ **um ... zu + Infinitiv** .
>
> ↙ **ohne ... zu + Infinitiv** .
>
> ↙ **anstatt ... zu + Infinitiv** .

5 a. Schreibe mit Hilfe der Tabelle drei Sätze mit Infinitivsätzen auf.
   b. Markiere in jedem Satz das Komma.

Auch Handys sind geeignet Jane postet Fotos vom Urlaub Timo stellt seine Fotos online Mirko druckt die Fotos aus	,	um ohne anstatt	ihrer Freundin eine E-Mail sie im Netzwerk gute Fotos sie mit allen Freunden	zu	teilen. machen. posten. schreiben.

Die Infinitivsätze können auch vor den Hauptsätzen stehen.

Um Fotos aufnehmen zu können, benutzte man
vor 120 Jahren Glasplatten mit einer lichtempfindlichen
Schicht. Ohne sie mit Licht in Berührung kommen
zu lassen, mussten die Fotoplatten in den Fotoapparat
eingeschoben werden. Um ein gutes Foto zu bekommen,
musste der Fotograf die Platten lange belichten.
Die Personen durften sich beim Fotografieren
nicht bewegen.

6 Im Text stehen die Infinitivsätze vor den Hauptsätzen.

> Um/Ohne ... zu + Infinitiv , .

   a. Markiere die Signalwörter **um** und **ohne**
      und **zu + Infinitiv**.
   b. Markiere die gebeugten Verben am Anfang des Hauptsatzes.
   c. Wo steht in den Sätzen das Komma? Markiere es mit einem Pfeil.

7 Schreibe die Sätze aus Aufgabe 6 so um, dass der Infinitivsatz mit **um** und **ohne**
nach dem Hauptsatz steht.
Tipp: Denke an das Komma nach dem Hauptsatz.

Vor 120 Jahren benutzte man

Die Fotoplatten mussten

Der Fotograf musste

Zeichensetzung beim Zitieren

Tülin hat die Geschichte „Ein Montagmorgen im Bus" untersucht.
Ihre Aussagen hat sie mit Zitaten (Textstellen) belegt.

1 a. Lies den Anfang der Geschichte.
b. Lies dann den Ausschnitt aus Tülins Interpretation.

Ein Montagmorgen im Bus – *Pattie Wigand*

Es waren drei kleine Wörter, die ein Wunder
bewirkten. Als ich in den Bus stieg, schien
die Sonne. Bei einem Blick aus dem Fenster des
151ers zeigte sich freilich der Chicagoer Winter
5 von seiner schmutzigsten Seite – kahle Bäume,
Schneematsch, die Autos voller Streusalzspritzer.
Der Bus fuhr mehrere Kilometer am Lincolnpark
entlang, aber niemand schaute hinaus. Wir,
die Fahrgäste, saßen in dicken Mänteln dicht
10 nebeneinander und dösten zum eintönigen
Rattern des Motors in der stickigen, überheizten
Luft. Kein Mensch sprach. Das gehörte zu
den ungeschriebenen Regeln des Chicagoer
Berufsverkehrs. Zwar begegneten uns
15 jeden Tag dieselben Gesichter, aber wir
versteckten uns lieber hinter unseren Zeitungen.
Konnte etwas symbolträchtiger sein? Menschen,
die nebeneinandersaßen, hielten mit dünnen
Bogen Papier Distanz.

*Mit dem Satz „Es waren drei kleine Wörter,
die ein Wunder bewirkten" (Z. 1–2) wird
der Leser mitten in die Handlung hineingeführt
und neugierig auf das Kommende gemacht. Zuerst
beschreibt der Jch-Erzähler die hässliche Seite
des Winters in Chicago: „– kahle Bäume,
Schneematsch, die Autos voller Streusalzspritzer"
(Z. 5–6).
Die Menschen im Bus nehmen das aber nicht
wahr, denn während sie am Lincolnpark
entlangfahren, schaut keiner aus dem Fenster. Jm
Bus passiert zunächst nichts Besonderes, alle sind
still mit sich selbst beschäftigt: „Kein Mensch
sprach." (Z. 12)
Der Jch-Erzähler ist ein genauer Beobachter.
Er sieht das alltägliche Verhalten der Fahrgäste
kritisch und schließt sich selbst dabei mit ein:
„Zwar begegneten uns jeden Tag dieselben
Gesichter, aber wir versteckten uns lieber
hinter unseren Zeitungen." (Z. 14–16)*

2 In Tülins Text ist ein Zitat markiert.
a. Finde diese Textstelle in der Geschichte daneben. Markiere sie.
b. Schreibe den Satz aus Tülins Text mit dem Zitat ab.
c. Kennzeichne die Anführungszeichen mit Pfeilen.

Mit dem Satz _____

3 a. Finde in Tülins Text weitere Zitate.
Markiere sie.
b. Kennzeichne die Anführungszeichen mit Pfeilen.

> **Merkwissen**
>
> Mit **Zitaten** kann man
> **belegen**, was man z. B. über
> eine Geschichte geschrieben
> hat. Es können ganze Sätze
> zitiert werden oder auch
> einzelne Wortgruppen. Zitate
> werden wie die wörtliche Rede
> durch Anführungszeichen
> gekennzeichnet.
>
>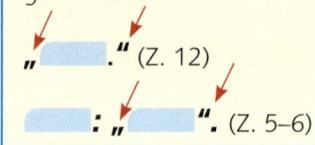

Zitierte Wortgruppen können in deine eigenen Sätze eingebettet sein.

Der Jch-Erzähler stellt fest, dass die Leute während der Fahrt eigentlich keine Gespräche mit ihren Nachbarn wünschen, denn sie dösten zum eintönigen Rattern des Motors in der stickigen, überheizten Luft. (Z. 10–12)

Satzzeichen fehlen!

4 Im Text ist die zitierte Wortgruppe hervorgehoben.
  a. Finde diese Textstelle in der Geschichte auf Seite 62. Markiere sie.
  b. Schreibe den Satz mit dem Zitat ab. Setze die Anführungszeichen am Anfang und Ende des Zitats.

Der Jch-Erzähler

Nach einer Einleitung kannst du einen vollständigen Satz zitieren.

Der Jch-Erzähler sieht das alltägliche Verhalten der Fahrgäste kritisch und schließt sich selbst dabei mit ein: Zwar begegneten uns jeden Tag dieselben Gesichter, aber wir versteckten uns lieber hinter unseren Zeitungen. (Z. 14–16)

Satzzeichen fehlen!

5 Im Text ist der zitierte Satz hervorgehoben.
  a. Finde diese Textstelle in der Geschichte auf Seite 62. Markiere sie.
  b. Schreibe den einleitenden Satz und das Zitat ab.
  c. Setze die Anführungszeichen am Anfang und Ende des Zitats.
  d. Markiere den Doppelpunkt am Ende der Einleitung.

Nach einem Zitat gibst du die Zeilen in Klammern an.

6 **a.** Finde den zitierten Satz in der Geschichte.
  b. Ergänze nach dem Zitat die Zeilenangabe in Klammern.

Jm Bus passiert zunächst nichts Besonderes, alle sind still mit sich selbst beschäftigt: „Kein Mensch sprach."

Fehler vermeiden

Das Partizip I richtig verwenden

Laura beschreibt ihre Erlebnisse bei einem Halbmarathon.

Es war ==ein aufregender Vormittag==. Als Freiwillige half ich beim Halbmarathon an einem Getränkepunkt. Wir hatten die Tische bei Kilometerstand 10 aufgebaut und zahllose Becher bereitgestellt. ==Bei strahlendem Sonnenschein== warteten über 30 000 Läufer, Inline-Skater und Rollstuhlfahrer auf den Startschuss. Nach knapp 30 Minuten erreichten die ersten schnaufenden Läufer unseren Stand und freuten sich über ein erfrischendes Getränk. Eine Sambagruppe spielte mitreißende Rhythmen, viele Zuschauer tanzten und klatschten.

1 Im Text sind einige Nomen durch ein **Partizip I** genauer beschrieben.
Finde die Wortgruppen und markiere sie.
Tipp: Zwei Wortgruppen sind bereits markiert.

2 **a.** Schreibe die Wortgruppen aus Aufgabe 1 in die Tabelle.
b. Markiere das **d** im **Partizip I.**
c. Von welchem Verb wird das Partizip abgeleitet? Schreibe das Verb im Infinitiv auf.

> **Merkwissen**
>
> Mit dem **Partizip I** (Partizip Präsens) kannst du anschaulich beschreiben. Das Partizip I wird vom **Infinitiv** abgeleitet: strahlen + **d** → strahlend. Das Partizip I verändert seine Endung wie ein Adjektiv:
> der strahlen**de** Sonnenschein.

Partizip I und Nomen	Verb im Infinitiv
ein aufregender Vormittag	aufregen
bei strahlendem Sonnenschein	

3 Bilde aus den Verben vom Rand **Partizipien I** und schreibe sie auf.

begeisternd, _____

> begeistern
> rennen
> jubeln
> glänzen
> schwitzen

Mit dem Partizip I kannst du Nomen anschaulich beschreiben.
Du vermeidest Fehler, wenn du auf die richtigen Endungen achtest.

4 Welches Partizip I aus Aufgabe 3 passt in welche Lücke?
Ergänze die Partizipien I mit der richtigen Endung.
Tipp: Die Tabelle mit den Wortgruppen hilft dir.

Am Nachmittag halfen wir bei dem _____ *begeisternden* _____ Bambini-Lauf.

Viele Eltern standen am Rand und feuerten die _____ Kinder an.

Das _____ Mädchen, das als Erste ins Ziel lief, war erst neun Jahre alt.

Nachdem wir die _____ Medaillen an über 700 kleine Sportlerinnen

und Sportler verteilt hatten, machten wir trotz der Hitze noch ein Erinnerungsfoto mit Bruno,

dem _____ Maskottchen im Bärenkostüm.

Singular (Einzahl)				Plural (Mehrzahl)
	der (männlich)	**das** (sächlich)	**die** (weiblich)	
Nominativ	**der** rennend**e** Mann	**das** rennend**e** Kind	**die** rennend**e** Frau	**die** rennend**en** Leute
Dativ	**dem** rennend**en** Mann	**dem** rennend**en** Kind	**der** rennend**en** Frau	**den** rennend**en** Leuten
Akkusativ	**den** rennend**en** Mann	**das** rennend**e** Kind	**die** rennend**e** Frau	**die** rennend**en** Leute

Das Partizip I kann auch in Wortgruppen mit unbestimmten Artikeln stehen.

5 **a.** Finde zu jedem Lückensatz eine passende Wortgruppe vom Rand.
b. Schreibe die vollständigen Sätze mit den Wortgruppen im richtigen Fall auf.
Tipp: Die richtigen Endungen findest du in der Tabelle unten.

Vor dem Lauf sprach Laura mit _____.
Hinter der Straßensperre hörte sie _____.
Auf einer Parkbank sah sie _____.
Sie zeigte _____ das Erste-Hilfe-Zelt.

> **ein** schimpfend**er** Autofahrer
> **eine** teilnehmend**e** Inline-Skaterin
> **ein** humpelnd**er** Läufer
> **ein** lachend**es** Liebespaar

Singular (Einzahl)				Plural (Mehrzahl)
	ein (männlich)	**ein** (sächlich)	**eine** (weiblich)	
Nominativ	**ein** rennend**er** Mann	**ein** rennend**es** Kind	**eine** rennend**e** Frau	rennend**e** Leute
Dativ	**einem** rennend**en** Mann	**einem** rennend**en** Kind	**einer** rennend**en** Frau	rennend**en** Leuten
Akkusativ	**einen** rennend**en** Mann	**ein** rennend**es** Kind	**eine** rennend**e** Frau	rennend**e** Leute

Verben verwenden

Verben im Perfekt

Alicia, Lenja, Jasper und Ergin wollen einen Bericht über ihre Projektwoche für die Zeitung schreiben. Sie sprechen über ihre Erlebnisse.

„Wir **sind** gestern nach Hannover **gefahren** und **haben** eine große Spielwarenfabrik **besichtigt**. Dort haben wir viel über die Produktion von Brettspielen erfahren", beginnt Jasper. Alicia hat bei dem Projekt „Jung trifft Alt" mitgemacht. Sie berichtet: „Wir sind gestern im Altenheim gewesen und haben dort am Sommerfest teilgenommen. Ich habe einer älteren Frau aus meinem Buch vorgelesen."

1 Im ersten Satz sind die Verben im Perfekt schon markiert.
Finde weitere Verben im Perfekt und markiere sie.
Tipp: Die Perfektform besteht aus zwei Teilen.

> **Merkwissen**
>
> Wenn man über Vergangenes mündlich erzählt oder berichtet, verwendet man meist das Perfekt:
> das Perfekt mit **haben**: *du hast gespielt*;
> das Perfekt von Verben der Bewegung mit **sein**: *du bist gefahren*.

2 Schreibe zu den folgenden Verben im Präsens die Formen im Perfekt auf.

Präsens	Perfekt	Präsens	Perfekt
wir behandeln	*wir haben behandelt*	ihr seid	
wir drehen		wir sind	
er/es/sie erklärt		du läufst	
er/es/sie organisiert		wir gehen	

3 Ergänze in den folgenden Sätzen passende Perfektformen aus Aufgabe 2.

Ergin: Wir _____ *haben* _____ das Thema „Gesunde Ernährung" _____ *behandelt* _____ .

Unsere Klasse _____ zunächst ein Frühstück _____ .

Danach _____ wir zum Bäcker _____ und

Herr Müller _____ uns den Unterschied zwischen industriell

hergestellten Brötchen und Bäckerbrötchen _____ .

Lenja: Wir _____ während der Projekttage in allen Klassen

_____ und _____ einen Film

über unsere Schule _____ .

Verben im Präteritum

Jasper schreibt den Bericht für die Zeitung.

Während der Projekttage im März **gab** es wieder viele interessante Angebote für die Schülerinnen und Schüler. So **konnte** die Klasse 9 eine Spielwarenfabrik besichtigen. Dort durften die Besucher neue Brettspiele ausprobieren. Es machte allen viel Spaß.

5 Neue Erfahrungen machte auch die Klasse 8 d, die zusammen mit den anderen 8. Klassen einen Tag im Seniorenheim verbrachte. Er stand unter dem Motto „Jung trifft Alt". Die Heimbewohner freuten sich sehr, dass die Jungen und Mädchen ihnen aus ihren Lieblingsbüchern vorlasen. „Das war eine hübsche Abwechslung",

10 sagte eine Bewohnerin.

1 Im Text sind zwei Verben im Präteritum markiert.
  a. Finde weitere Verben im Präteritum und markiere sie.
  b. Schreibe die Verben zusammen mit den richtigen Personalpronomen auf.
  c. Schreibe das Verb im Infinitiv daneben.

> **Merkwissen**
>
> Präteritum: über Vergangenes schriftlich erzählen oder berichten:
> *haben – er hatte, laufen – er lief,*
> *stehen – er stand, sein – es war*

es gab – geben, sie konnte – _____

_____

_____

2 **a.** Schreibe zu den Verbformen im Präsens die Formen im Präteritum auf.
  b. Was verändert sich im Präteritum? Markiere es.

sie bearbeiten – _____*sie bearbeiteten*_____   er beginnt – _____

sie findet – _____   sie drehen – _____

sie sprechen – _____   ihr redet – _____

3 Ergänze in den Lücken passende Präteritumformen aus Aufgabe 2.

Die fünften Klassen _____ das Thema „Gesunde Ernährung".

Der erste Projekttag _____ mit einem gemeinsamen Frühstück.

Anschließend _____ die Schülerinnen und Schüler mit dem Bäckermeister

über den Unterschied zwischen industriell hergestellten Brötchen und Bäckerbrötchen.

Die Abschlussklassen _____ einen Film über unsere Schule, der bei Eltern,

Schülern und Lehrern viel Beifall _____.

Der Konjunktiv II und die Ersatzform mit würde

Viele Jugendliche wären gern ein Star. Wie würde sich ihr Leben verändern?

> Als Model **könnte** ich immer die neueste Mode tragen. Alle fänden mich wunderschön.

Mit meiner Band stände ich auf einer großen Bühne. Wir bekämen Applaus von den Fans.

> Als Fußballprofi gäbe ich immer mein Bestes. Wir gewännen alle Meisterschaften.

Als Schauspielerin dürfte ich in andere Rollen schlüpfen. Ich brächte viele Leute zum Lachen und zum Weinen.

1 Wovon träumen Marlene, Maik, Jeremy und Katrin?
Was wünschen sie sich?
  a. Finde in den Gedankenblasen die Verbformen im **Konjunktiv II**.
  b. Markiere diese Verbformen.

2 **a.** Schreibe die Konjunktivformen aus Aufgabe 1 zusammen mit den Personalpronomen in die Tabelle.
  b. Ergänze zu jeder Konjunktivform die Verbform im Präteritum und den Infinitiv.
  c. Vergleiche die Verbformen im Konjunktiv II und im Präteritum. Markiere den Unterschied.

> **Merkwissen**
>
> Mit dem **Konjunktiv II** (Möglichkeitsform des Verbs) kannst du ausdrücken, dass etwas nicht oder noch nicht Wirklichkeit ist.
> Der Konjunktiv II wird vom **Präteritum** abgeleitet.

Verb im Infinitiv	Verbform im Präteritum	Verbform im Konjunktiv II
können	ich konnte	ich könnte

3 Was wäre anders, wenn Marlene, Maik, Jeremy und Katrin berühmt wären?
    a. Bilde aus den Infinitiven am Rand die Konjunktivformen.
       Tipp: Bilde zuerst die Präteritumform.
    b. Ergänze die Sätze mit der passenden Verbform im Konjunktiv II.

Marlene _____*hätte*_____ weniger Zeit für ihre Freundinnen.

Maiks Eltern _____ unglaublich stolz auf ihn.

Jeremy _____ sehr viel in der Welt herum.

Katrin _____ andere berühmte Schauspieler.

> haben
> sind
> kommen
> treffen

Manchmal lauten die Verbformen im Präteritum und im Konjunktiv II gleich.
Dann kannst du die Ersatzform mit würde verwenden.
Wenn Maik Profisportler wäre, trainierte er täglich. (Konjunktiv II = Präteritum)
Wenn Maik Profisportler wäre, würde er täglich trainieren. (Ersatzform)

4 **a.** In welchen Sätzen kann man die Konjunktivform mit dem Präteritum verwechseln?
      Kreuze an.
    b. Markiere bei den Ersatzformen **würde** und den **Infinitiv**
      in unterschiedlichen Farben.

☐ Marlene arbeitete hart.   Marlene würde hart arbeiten.
☐ Maik liefe gern eine bessere Zeit.   Maik würde gerne eine bessere Zeit laufen.
☐ Jeremy nähme Gitarrenunterricht. Jeremy würde Gitarrenunterricht nehmen.
☐ Katrin lernte Drehbücher auswendig. Katrin würde Drehbücher auswendig lernen.

5 Ergänze die Verbformen im Präteritum und die Ersatzformen des Konjunktivs mit **würde**.

sie schafft – *sie schaffte – sie würde schaffen;* _____

er erfüllt – _____

er macht – _____

es langweilt – _____

6 Was würde im Leben als Star passieren?
   Schreibe mit den Ersatzformen aus Aufgabe 5 Sätze auf.
   Tipp: Die Wortgruppen vom Rand helfen dir.

> es auf die Laufstege der Welt
> sich seinen Lebenstraum
> eine Solokarriere
> das Leben als Star

Marlene *würde es auf die Laufstege der Welt schaffen.* _____

Maik _____

Jeremy _____

Katrin _____

Das Passiv mit Modalverben

Der hohe Verbrauch von Plastiktüten brachte Menschen in Berlin
auf eine ganz besondere Idee.

Berlin „tüt" was

Nach Angaben der Umwelthilfe werden allein in Berlin täglich
710 000 Plastiktüten in den Geschäften ausgegeben, das sind
stündlich etwa 30 000. Darauf <mark>sollte</mark> im September 2014
mit der Aktion „Berlin tüt was" <mark>hingewiesen werden</mark>. Auf dem
ehemaligen Flughafengelände Tempelhof in Berlin sollte dafür eine
lange Kette mit Plastiktüten gebildet werden. Helfer tackerten etwa
30 000 gespendete Plastiktüten von Hand an lange Seile. Mit einer 9 km langen Tütenkette konnte dann
ein dickes Ausrufezeichen gesetzt werden. Gewissermaßen sollte damit eine Flut von Plastiktüten
dargestellt werden.

1 Warum steht in der Überschrift „tüt" statt „tut"?
Schreibe einen Satz zur Erklärung auf.

2 Im Text kommen Passivformen
mit den Modalverben **sollen** und **können** vor.
- **a.** Finde diese Passivformen und markiere sie.
  Tipp: Die Passivformen mit Modalverben
  bestehen aus drei Teilen.
- **b.** Schreibe die Passivformen aus dem Text
  neben die Pronomen.

> **Merkwissen**
>
> Nach den Modalverben **dürfen**,
> **können**, **wollen**, **sollen** und **müssen**
> steht ein weiteres Verb.
> Das Passiv mit Modalverben bildest
> du mit einer Form des Modalverbs,
> dem **Partizip II** und **werden**.

es sollte hingewiesen werden,

es

es

es

3 **a.** Kreise in den Wortgruppen von Aufgabe 2 die gebeugten Verbformen ein.
b. Markiere **werden** in einer Farbe, die Partizipien in einer anderen Farbe.

4 Die Passivformen in Aufgabe 2 stehen im Präteritum.
Schreibe sie auch im Präsens auf.

es soll hingewiesen werden,

Was sollte oder konnte mit der Aktion erreicht werden?

5 Mit Modalverben im Passiv wird oft eine Absicht oder eine Gelegenheit ausgedrückt.
   a. Welcher Satz drückt eine Absicht aus? Notiere ein A vor dem Satz.
   b. Welcher Satz drückt eine Gelegenheit aus? Notiere ein G vor dem Satz.
   c. Markiere in den Sätzen jeweils die Passivform mit Modalverb.

   _____ In Berlin sollte auch ein neuer Weltrekord aufgestellt werden.

   _____ Ein bestehender Weltrekord konnte bei der Gelegenheit übertroffen werden.

6 Schreibe die folgenden Sätze im Passiv zusammen mit einem Modalverb auf.
   Tipp: Es gibt mehrere Möglichkeiten mit den Modalverben **sollen**, **können**, **müssen**.

   Viele Tüten wurden gesammelt.   *Viele Tüten mussten gesammelt werden.*

   Ein Zeichen wurde gesetzt.

   Ein neuer Rekord wurde erzielt.

   Eine Menschenkette wurde gebildet.

   Der Rekord vom Timmendorfer
   Strand aus dem Jahr 2013 wurde
   übertroffen.

   Am Timmendorfer Strand wurde
   eine 4,2 km lange Menschenkette
   gebildet.

7 Schreibe die Verbformen aus Aufgabe 6 im Präsens auf.
   Verwende ein Modalverb im Präsens und
   ein Personalpronomen.
   Tipp: Die Pronomen am Rand helfen dir.

   | viele Tüten – sie |
   | das/ein Zeichen – es |
   | der/ein Rekord – er |
   | die/eine Menschenkette – sie |

   sie müssen gesammelt werden,

8 Schreibe die Sätze aus Aufgabe 6 noch einmal im Präsens auf.
   Schreibe sie in dein Heft.

   Starthilfe
   Viele Tüten müssen
   gesammelt werden.

Satzgefüge verwenden

Nebensätze mit dass, weil und obwohl

Dany hat einen Leserbrief zum Thema „Datensicherheit" geschrieben.

Ich finde es wichtig, dass man die verschiedenen Bereiche der Datensicherheit auseinanderhält. In sozialen Netzwerken sollte man unbedingt auf die richtigen Einstellungen der Privatsphäre achten, weil sonst jeder deine persönlichen Dokumente einsehen kann. Und man muss so sichere Passwörter für die Online-Welt auswählen, dass Übeltäter keine Chance haben. Zu Hause ist man selbst für die Sicherheit zuständig. Daten können aber auch ausspioniert oder verändert werden, obwohl man ein Antivirenprogramm benutzt. Man sollte deshalb seinen Virenschutz immer automatisch aktualisieren lassen.

1 Welche Empfehlung gibt Dany für die sozialen Netzwerke?
Schreibe einen Satz auf.

2 Der Text enthält Nebensätze
mit den Konjunktionen **dass**, **weil** und **obwohl**.
a. Markiere diese Konjunktionen im Text.
b. Unterstreiche die Nebensätze.
c. Markiere die gebeugten Verbformen im Nebensatz.
d. Kennzeichne die Kommas mit einem Pfeil.

Nach den Verben sagen, denken, meinen, glauben
folgen oft dass-Sätze.

3 Bilde Satzgefüge mit der Konjunktion **dass**.
a. Markiere in den Sätzen das gebeugte Verb.
b. Ergänze die Satzanfänge mit passenden dass-Sätzen.
Tipp: Im Nebensatz steht das gebeugte Verb am Ende.

Meine persönlichen Daten gehen niemanden etwas an.
Man sollte sich mehr Gedanken über die Datensicherheit machen.
Mein Computer ist recht gut geschützt.

Ich denke,

Dany meint,

Ich glaube,

> **Merkwissen**
>
> Mit Hilfe einer **Konjunktion** (eines Bindewortes) wie **dass**, **weil**, **obwohl**, **wenn**, **während** oder **als** kannst du Sätze verbinden. Es entsteht ein **Satzgefüge**. Der Satz mit der Konjunktion am Anfang ist ein **Nebensatz**. In einem Nebensatz steht das gebeugte Verb am Ende. Zwischen dem Hauptsatz und dem Nebensatz steht ein Komma.

Mit weil-Sätzen kann man etwas begründen.

4 Bilde aus den Satzpaaren Satzgefüge mit der Konjunktion **weil**.
   a. Welcher Satz in den Satzpaaren gibt eine Begründung an? Markiere ihn.
   b. Formuliere den Satz mit der Begründung in einen Nebensatz mit **weil** um.
   c. Schreibe das Satzgefüge auf.
   Tipp: Im Nebensatz steht das gebeugte Verb am Ende.

Persönliche Daten sind begehrt. Sie bedeuten für die Konzerne bares Geld.
Ich halte mein Antivirenprogramm auf dem neuesten Stand. Ich möchte meinen Computer schützen.
Die Privatsphären-Einstellungen sollte man immer anpassen. Jeder kann sonst alles lesen.

Nebensätze mit obwohl schränken die Aussage des Hauptsatzes ein.

5 Bilde aus den Satzpaaren Satzgefüge mit der Konjunktion **obwohl**.
   a. Welcher Satz in den Satzpaaren schränkt eine Aussage ein? Markiere ihn.
   b. Formuliere diesen Satz in einen Nebensatz mit **obwohl** um.
   c. Schreibe das Satzgefüge auf.
   Tipp: Im Nebensatz steht das gebeugte Verb am Ende.

Manche öffnen Dateianhänge. Sie kennen den Absender der E-Mail nicht.
Einige veröffentlichen ihre Adressen im Internet. Sie gehen eigentlich niemanden etwas an.

6 Verknüpfe die Satzpaare mit einer passenden Konjunktion.
   Schreibe die Satzgefüge auf.

| weil |
| dass |
| obwohl |

Ich weiß: Beim Surfen im Internet werden persönliche Daten gesammelt.
Beinahe hätte ich neulich einen Trojaner installiert. Ich habe immer Virenschutz
und Firewall aktiviert.
Sichere Passwörter sind besonders wichtig. Sie können sonst leicht geknackt werden.

Einen informierenden Text schreiben

Punkte:

Digitale Kommunikation bestimmt immer mehr unseren Alltag.
Du schreibst einen informierenden Text über das Thema.

1 a. Lies die folgende Aufgabe genau.
 b. Markiere die Aufforderungsverben und die Schlüsselwörter.

/10

> Deine Schule plant eine Schülerzeitung zum Thema „Kommunikation".
> Du bist gebeten worden, einen Artikel für die Zeitung zu verfassen.
>
> **Aufgabe:** Schreibe einen informierenden Text zum Thema „Digitale Kommunikation".
> Deine Grundlage sind die Materialien M1 bis M4.
> Schreibe nicht einfach aus den Materialien ab, sondern achte auf
> eine eigenständige Darstellung in einem zusammenhängenden Text.
>
> A Erkläre in der Einleitung, was digitale Kommunikation ist.
> B Stelle dar, welche Bedeutung die digitale Kommunikation für die Jugendlichen hat.
>   Nenne auch Beispiele.
> C Beschreibe die Möglichkeiten der digitalen Kommunikation.
> D Fasse im Schlussteil zusammen, was dich an dem Thema am meisten interessiert.
> E Formuliere für deinen Text eine passende Überschrift.
> F Notiere unter deinem Text die von dir genutzten Materialien.

2 Lies die Materialien M1 bis M4
 mit den Textknacker-Schritten 1 bis 3.

 M1 Ein Lexikonartikel

> **Digitale Kommunikation:** Kommunikation (lat. communicatio, die Mitteilung):
> Verständigung untereinander. Die Kommunikationspartner können Informationen
> entweder direkt (ohne zwischengeschaltete Medien) austauschen, sie befinden sich
> dann am gleichen Ort. Oder die Kommunikation kann → digital erfolgen,
> 5 z. B. über → das Internet, das einen virtuellen Raum darstellt. Die Verbindung
> zwischen den Kommunikationspartnern erfolgt dann mittels technischer Geräte,
> z. B. PCs, Tablets oder Smartphones.
> Digitale Kommunikation kann auf unterschiedlichen Wegen stattfinden, z. B. über
> E-Mails, Chatprogramme oder soziale Netzwerke. Der E-Mail-Verkehr erfolgt
> 10 meist über → asynchrone (nicht zeitgleiche) Verbindungen, wohingegen die
> Kommunikationspartner in → Chats oder in → sozialen Medien synchron (in Echtzeit)
> miteinander verbunden sind. Digitale Kommunikation kann zwischen Menschen
> stattfinden, aber auch zwischen Mensch und Maschine sowie zwischen
> Maschine und Maschine.

M2 Aus einer Umfrage zur Mediennutzung

Das Internet ist für mich immer dann wichtig, wenn ich mich über Aktuelles informieren will oder etwas für die Schule recherchiere. Soziale Netzwerke nutze ich eigentlich nur selten. (M., 14 J.)

Die sozialen Netzwerke sind für mich am wichtigsten. Schließlich möchte ich wissen, wo meine Freunde sind und was sie gerade machen. Eine Daten-Flatrate hilft da schon, immer entspannt zu surfen. (C., 16 J.)

In sozialen Netzwerken kommuniziere ich mit meinem Smartphone, aber nur mit Leuten, die ich persönlich kenne. Deshalb habe ich die Sicherheitseinstellungen auch entsprechend angepasst. (K., 15 J.)

M3 Smartphone-Besitzer 2011–2013

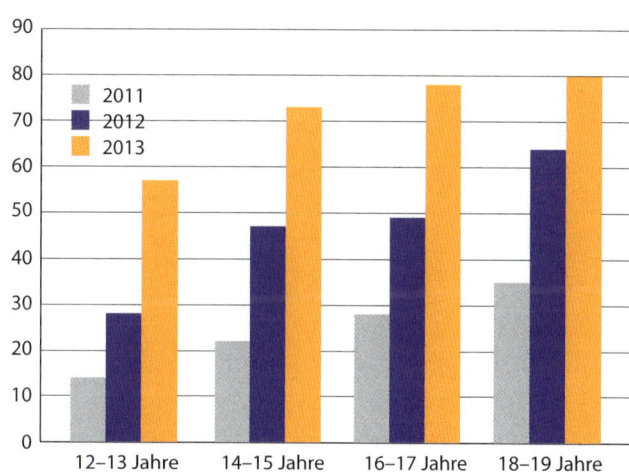

(Quelle: JIM-Studie, Stuttgart 2013, Angaben in Prozent)

M4 Jens und das Internet der Dinge Volker Thomas

1 Jens las die Nachricht auf dem Display des Kühlschranks: „Milch, Joghurt, Apfelsaft" stand da, darunter in roter Schrift: „Butterverbrauch einschränken!" Vorlautes Gerät, grummelte Jens und synchronisierte die Einkaufsliste mit seinem Handy. Als er die Wohnungstür abschloss, meldete der Zentralrechner beim Sicherheitsdienst den Status: Leer. Beim Einsteigen in die U-Bahn hielt er
5 sein Handy an das Lesegerät. Mit einem leisen Piepsen bestätigte es die Fahrt und speicherte Jens' Daten auf einem zentralen Rechner. Sicher, das klang ganz schön nach Überwachung. Jede seiner Bewegungen mit den öffentlichen Verkehrsmitteln war dort nachzulesen. Aber das Handy-Ticket war halt so genial einfach. Sein Freund Niklas schickt eine Textnachricht: „Morgen Abend Sport?" Jens drückte den Kontrollchip auf seiner Armbanduhr: Gewicht, Puls,
10 Blutdruck – alles sprach für ein bisschen Bewegung. Er sendete ein knappes „o.k.". Als er vor der Berufsschule ankam, erkannte der Scanner sein Gesicht. Automatisch öffnete sich die Schranke.
2 Gegen 16 Uhr meldete sich seine Freundin Liz. Sie wollte nach Feierabend mit ihm shoppen gehen und Jens stimmte zu. Am Eingang des Kaufhauses erfasste ein Scanner ihre Maße und funkte sie an die in Hosen, Jacken und Hemden eingebauten Chips. So konnte sofort die richtige Kleidung
15 anprobiert werden. Jens war schon klar, dass alle diese Informationen und die vielen Daten, die er täglich eingab, sämtlich nach seinen Konsumgewohnheiten ausgewertet wurden. Na ja, dachte er, als sein Handy ihm die Angebote von drei umliegenden Restaurants präsentierte, aber bequem ist es doch. Die beiden entschieden sich dann für das neue vegetarische Restaurant.

Die folgenden Aufgaben helfen dir, die Prüfungsaufgaben zu lösen.

Punkte:

3 Worum geht es in den einzelnen Materialien?
   a. Markiere in den Materialien M1, M2 und M4 Schlüsselwörter.   /15
   b. Notiere Stichworte zu Material M3.   /5

   M3: _____

Du arbeitest mit dem Inhalt der Materialien M1 bis M4 und sammelst Informationen für deinen Text.

zu M1

4 Beantworte diese Fragen in Stichworten:
   a. Wie findet digitale Kommunikation statt?   /2
   b. Wie unterscheiden sich synchrone und asynchrone Kommunikation?   /2

   _____
   _____

zu M2

5 Welche Bereiche der digitalen Kommunikation nutzen   /4
   die interviewten Jugendlichen häufig?
   Zu welchem Zweck? Notiere Stichworte.

   _____
   _____

zu M3

6 Sieh dir das Säulendiagramm genauer an.
   a. Wie stark ist der Anteil der 12- bis 13-jährigen Smartphone-Besitzer zwischen   /1
      2011 und 2013 gestiegen? Kreuze an.

      ☐ etwa auf das Zehnfache   ☐ etwa auf das Vierfache   ☐ etwa auf das Doppelte

   b. Ergänze den folgenden Satz.   /2

      2013 besaßen über _____ Prozent der 14- bis 15-Jährigen und

      ungefähr _____ Prozent der 18- bis 19-Jährigen ein Smartphone.

zu M4

7 Was die Hauptfigur Jens erlebt, ist zum Teil heute schon möglich.   /4
   Welche Vorteile und welche Nachteile sieht Jens in seinem digitalen Alltag?
   Notiere Stichworte.

   _____
   _____

Einen zusammenhängenden Text schreiben

Punkte:

Schreibe nun deinen informierenden Text. Verwende deine Ergebnisse
aus den Aufgaben 2 bis 7.

1 Schreibe die Einleitung. (→ Teilaufgabe A)

   a. Schreibe einen ersten Satz, der deine Leser neugierig macht.

   b. Schreibe drei oder vier vollständige Sätze auf.

Einleitung   /4

2 Schreibe den Hauptteil in dein Heft. (→ Teilaufgaben B und C)

   a. Stelle dar, wie Jugendliche heute digital kommunizieren. Nenne auch Beispiele.

   b. Beschreibe, was durch digitale Kommunikation möglich werden kann.

   Tipps:

   Markiere Informationen auf der Seite 76, die du für deinen Text brauchst.

   Überlege immer wieder:

   Wie kannst du die Informationen mit eigenen Worten wiedergeben?

   Wo kannst du deine eigene Meinung dazuschreiben?

Hauptteil   /20

3 Schreibe den Schluss. (→ Teilaufgabe D)

   a. Fasse deine Erkenntnisse in wenigen Sätzen zusammen.

   b. Schreibe auf, was dich an dem Thema am meisten interessiert.

Schluss   /2

4 Schreibe eine passende Überschrift für deinen Text auf. (→ Teilaufgabe E)

/1

5 Schreibe auf, welche Materialien du benutzt hast. (→ Teilaufgabe F)

/1

6 Hast du auch nichts vergessen?

   Überprüfe deinen Text noch einmal mit Hilfe der Checkliste auf Seite 21.

/75

Meine Gesamtpunktzahl:

von 75

64–75 Punkte:
Super!

40–63 Punkte:
Das kann ich noch
besser. Ich übe weiter!

0–39 Punkte:
Ich arbeite die Seiten
15 bis 21 noch einmal durch.

Schriftlich Stellung nehmen

Können Videokameras die Schulen sicherer machen?
Du schreibst einen Leserbrief zu dem Thema.

1 a. Lies die folgende Aufgabe genau.
   b. Markiere die Aufforderungsverben und die Schlüsselwörter.

/9

> Die Schülerinnen und Schüler der Wiesenschule diskutieren auf ihrer Internetseite über die Sicherheit an ihrer Schule.
>
> **Aufgabe:** Schreibe einen Leserbrief für die Internetseite der Schule.
> Nimm Stellung zu der Frage: Ist die Video-Überwachung an Schulen notwendig?
>
> A Nenne in der Einleitung das Thema und formuliere deine Meinung.
> B Begründe deine Meinung mit Argumenten und belege deine Argumente mit Beispielen.
> C Beziehe dich auch auf ein Gegenargument und entkräfte es.
> D Formuliere eine Schlussfolgerung, in der du etwas vorschlägst oder empfiehlst.

📖 Totale Überwachung?

1 Immer mehr Gemeinden und Schulbehörden fordern, die Zugänge, Parkplätze und Pausenhöfe von Schulen durch Videoanlagen zu überwachen. Dadurch sollen Sachbeschädigungen und Diebstähle in den
5 Schulen verhindert werden. Auch immer mehr Eltern verlangen höhere Sicherheitskontrollen an den Schulen ihrer Kinder. Doch welcher Meinung sind die betroffenen Schülerinnen und Schüler?

2 Eine Umfrage an nordrhein-westfälischen Schulen
10 zeigt, dass es zu diesem Thema ganz unterschiedliche Stimmen gibt. Viele Schülerinnen und Schüler sagen, dass sie sich durch eine Video-Überwachung an ihrer Schule sicherer fühlen würden. Kameraaufnahmen könnten Täter entlarven, die mutwillig Inventar zerstören oder Diebstähle begehen. Die Aufklärungsrate könnte deutlich erhöht werden. So würde die hohe Zahl an gestohlenen Fahrrädern und Motorrollern wahrscheinlich zurückgehen.
15 Außerdem würden, so die Meinung dieser Schülerinnen und Schüler, Videokameras auf mögliche Täter abschreckend wirken.

3 Andere Jugendliche sind hingegen der Ansicht, dass eine Video-Überwachung unsinnig sei. Schulen sollten nicht zu „Sicherheitsburgen" gemacht werden, in denen jeder verdächtig sei und alle ständig beobachtet würden. In einer solchen Atmosphäre könne man sich nicht mehr frei entfalten.
20 Schulen seien öffentliche Einrichtungen, in denen sich niemand überwacht oder verdächtigt fühlen sollte. Außerdem sind sie der Auffassung, dass eine Überwachung mit technischen Geräten und Personal sehr teuer sei und dieses Geld besser anders investiert werden sollte, z. B. in Sanitäranlagen oder Turnhallen.

Die folgenden Aufgaben helfen dir, die Prüfungsaufgabe zu lösen.

2 a. Lies den Text mit den Textknacker-Schritten 1 bis 3.
b. Worum geht es in dem Text? Schreibe einen Satz auf.

/3

3 Welche Bereiche der Schule sollen mit einer Videokamera überwacht werden?
Kreuze an, welche Antworten auf den Text zutreffen.

/3

☐ die Pausenhalle   ☐ der Pausenhof   ☐ der Parkplatz
☐ die Ein- und Ausgänge   ☐ die Klassenräume   ☐ der Sportplatz

Im Text werden sowohl Argumente **für** als auch **gegen** eine Video-Überwachung
an Schulen genannt.

4 Welche Argumente werden in dem Text auf Seite 78 genannt?
a. Finde die Argumente **für** eine Video-Überwachung. Markiere sie grün.
b. Finde die Argumente **gegen** eine Video-Überwachung. Markiere sie rot.

/4

/4

5 Welcher Meinung bist du? Kreuze an.

/1

☐ Video-Überwachung ist ein sinnvolles Mittel, um die Schulen sicherer zu machen.
☐ Video-Überwachung ist kein sinnvolles Mittel, um die Schulen sicherer zu machen.

Um Stellung zu nehmen, brauchst du Argumente.

6 a. Schreibe die Argumente aus dem Text in die Tabelle.
b. Finde jeweils ein weiteres Argument **für** und **gegen**
technische Überwachung an Schulen.
Tipp: Notiere Stichworte.

/8

/2

Argumente **für** Video-Überwachung	Argumente **gegen** Video-Überwachung

Du begründest deine Meinung, indem du sie mit Argumenten verknüpfst.

7 Welche drei Argumente sind dir für deine Meinung besonders wichtig?
Schreibe sie in Stichworten auf.
Beginne mit dem schwächsten Argument und schließe mit dem stärksten.

/3

Mit Beispielen kannst du deine Argumente stützen und veranschaulichen.

8 a. Kreuze an:
  • Welche Beispiele stützen die Argumente **für** eine Video-Überwachung?
  • Welche Beispiele stützen die Argumente **gegen** eine Video-Überwachung?
  b. Ergänze ein Beispiel **für** und ein Beispiel **gegen** Video-Überwachung.

/4

/2

Beispiele	dafür	dagegen
An der Schule meiner Cousine wurden Videokameras installiert. Seitdem gibt es viel weniger Graffiti und Fahrraddiebstähle.		
Unsere Schule hat über 20 Eingänge. Die lassen sich nicht alle durch Videokameras kontrollieren.		
Videokameras gibt es schon in vielen Kaufhäusern und auf öffentlichen Plätzen. Wenigstens in der Schule möchte ich mich frei und unbeobachtet bewegen.		
Ich habe gelesen, dass es an vielen Schulen in England Video-Überwachung gibt. Gerade die jüngeren Schüler fühlten sich dadurch sicherer.		

Du kannst andere überzeugen, wenn du direkt auf ihre Argumente eingehst.

9 Entkräfte ein Gegenargument.
  a. Wähle ein Argument aus Aufgabe 6 aus, das **nicht** deiner Meinung entspricht.
  b. Erkläre, warum du dieses Argument nicht überzeugend findest.

/1

/3

In einem Leserbrief stellst du nun deine Meinung dar.

10 Schreibe eine Einleitung in vollständigen Sätzen.
- Nenne das Thema.
- Formuliere deine Meinung.

Tipp: Beachte, an wen sich dein Leserbrief richten soll.

Einleitung /3

Im Hauptteil nennst du deine Argumente und stützt sie mit Beispielen.

11 Schreibe den Hauptteil.
- Begründe deine Meinung mit zwei Argumenten.
- Veranschauliche deine Argumente mit zwei Beispielen.
- Gehe auf ein Gegenargument ein und entkräfte es.

Hauptteil /16

Im Schlussteil fasst du deine Aussagen zusammen.

12 Schreibe den Schluss.
- Formuliere eine Schlussfolgerung, die sich auf deine Meinung bezieht.
- Was empfiehlst du den Leserinnen und Lesern?
- Was schlägst du vor?

Schluss /4

13 Hast du auch nichts vergessen?
Überprüfe deinen Leserbrief noch einmal mit Hilfe der Checkliste auf Seite 28.

/70

Meine Gesamtpunktzahl:

von 70

58–70 Punkte:
Super!

36–57 Punkte:
Das kann ich noch
besser. Ich übe weiter!

0–35 Punkte:
Ich arbeite die Seiten
23 bis 28 noch einmal durch.

Eine Kurzgeschichte analysieren

Du untersuchst die Kurzgeschichte „Ein Tag Warten" von Ernest Hemingway.
In dieser Geschichte erleben die beiden Hauptfiguren einen besonders langen Tag.

1 a. Lies die folgende Aufgabe genau.
b. Markiere die Aufforderungsverben und Schlüsselwörter.

/10

> Lies zunächst den Text, bevor du die Aufgaben bearbeitest.
> Schreibe einen zusammenhängenden Text.
>
> **Aufgabe:** Analysiere die Kurzgeschichte „Ein Tag Warten" von Ernest Hemingway.
> Gehe dabei so vor:
>
> A Schreibe eine Einleitung: Nenne darin den Titel der Geschichte und
> den Namen des Autors. Schreibe auch, worum es in der Geschichte geht.
> B Fasse die Geschichte in einer kurzen Inhaltsangabe zusammen.
> Schreibe nur das Wichtigste.
> C Analysiere das Verhalten der Figuren und ihr Verhältnis zueinander.
> Beachte dabei auch die Erzählperspektive.
> D Untersuche, welche Merkmale einer Kurzgeschichte auf diese Geschichte
> zutreffen. Belege deine Aussagen am Text.

2 Lies die Geschichte mit Hilfe der Textknacker-Schritte 1 bis 3.

Ein Tag Warten   Ernest Hemingway (1899–1961)

1 Er kam ins Zimmer, um die Fenster zu schließen,
während wir noch im Bett lagen, und ich fand, dass er krank aussah.
Er fröstelte; sein Gesicht war weiß, und er ging langsam,
als ob jede Bewegung wehtäte.

5 „Was ist los, Schatz?"
„Ich hab Kopfschmerzen."
„Dann geh lieber wieder ins Bett."
„Nein, ich bin ganz in Ordnung."
„Du gehst ins Bett. Ich komme zu dir, sobald ich angezogen bin."

10 Aber als ich herunterkam, war er angezogen und saß am Feuer
und sah wie ein kranker, jämmerlicher neunjähriger Junge aus.
Als ich ihm die Hand auf die Stirn legte, wusste ich, dass er Fieber hatte.
„Du gehst rauf ins Bett", sagte ich. „Du bist krank."
„Ich bin ganz in Ordnung", sagte er.

15 Als der Doktor kam, nahm er die Temperatur des Jungen.
„Wie viel hat er?", fragte ich ihn.
„Hundertundzwei."

2 Unten ließ der Doktor drei verschiedene Medikamente in verschiedenfarbigen Kapseln zurück mit Anweisungen, wie sie zu nehmen waren. Das eine sollte das Fieber herunterbringen, das zweite
20 war ein Abführmittel und das dritte war gegen Übersäure im Magen. Die Grippebazillen könnten nur bei Übersäure existieren, hatte er erklärt. Er schien alles über Grippe zu wissen und sagte, es wäre nicht weiter besorgniserregend, falls die Temperatur nicht auf hundertvier stiege. Es herrsche eine leichte Grippeepidemie, und es bestände keinerlei Gefahr, wenn keine Lungenentzündung hinzukäme.

25 3 Als ich wieder ins Zimmer kam, schrieb ich die Temperatur des Jungen auf und notierte, wann man ihm die verschiedenen Medikamente geben sollte.
„Möchtest du, dass ich dir vorlese?"
„Schön. Wenn du willst", sagte der Junge.
Sein Gesicht war sehr weiß und er hatte dunkle Schatten
30 unter den Augen. Er lag reglos im Bett
und schien gleichgültig gegen alles, was vorging.
Ich las ihm aus Howard Pyles „Piratenbuch" vor,
aber ich sah, dass er nicht bei der Sache war.
„Wie fühlst du dich, Schatz?", fragte ich ihn.

35 „Genau wie vorhin, bis jetzt", sagte er.
Ich saß am Fußende des Bettes und las für mich,
während ich darauf wartete, dass es Zeit war,
ihm wieder ein Pulver zu geben.
Normalerweise hätte er einschlafen müssen, aber als ich aufblickte, blickte er
40 das Fußende des Bettes an und hatte einen seltsamen Ausdruck im Gesicht.
„Warum versuchst du nicht einzuschlafen? Ich werd dich wecken, wenn es Zeit für die Medizin ist."
„Ich möchte lieber wach bleiben."
Nach einer Weile sagte er zu mir: „Papa, du brauchst nicht hier bei mir zu bleiben, wenn es dir unangenehm ist." „Es ist mir nicht unangenehm."
45 „Nein, ich meine, du brauchst nicht zu bleiben, wenn es dir unangenehm wird."
Ich dachte, dass er vielleicht ein bisschen wirr sei, und nachdem ich ihm um elf das verschriebene Pulver gegeben hatte, ging ich eine Weile aus. […]

4 Zu Haus sagte man mir, dass der Junge keinem erlaubt habe, in sein Zimmer zu kommen.
„Du kannst nicht reinkommen", hatte er gesagt. „Du darfst das nicht bekommen, was ich habe."
50 Ich ging zu ihm hinauf und fand ihn in genau derselben Lage, wie ich ihn verlassen hatte, weißgesichtig, aber mit roten Fieberflecken auf den Backen. Er starrte immer noch, wie er vorher gestarrt hatte, auf das Fußende des Bettes. Ich nahm seine Temperatur.
„Wie viel habe ich?"
„Ungefähr hundert", sagte ich. Es waren hundertundzwei und vier Zehntel.
55 „Es waren hundertundzwei", sagte er.
„Wer hat das gesagt?"
„Der Doktor."
„Deine Temperatur ist ganz in Ordnung", sagte ich. „Kein Grund, sich aufzuregen."
„Ich rege mich nicht auf", sagte er, „aber ich muss immer denken."
60 „Nicht denken", sagte ich. „Nimm's doch nicht so tragisch."
„Ich nehme es nicht tragisch", sagte er und sah starr vor sich hin. Er nahm sich offensichtlich wegen irgendetwas schrecklich zusammen.
„Schluck dies mit etwas Wasser."
„Glaubst du, dass es helfen wird?"
65 „Natürlich wird es."

5 Ich setzte mich hin und schlug das „Piratenbuch" auf und begann zu lesen, aber
ich konnte sehen, dass er nicht folgte, darum hörte ich auf.
„Um wie viel Uhr glaubst du, dass ich sterben werde?", fragte er.
„Was?"
70 „Wie lange dauert es noch ungefähr, bis ich sterbe?"
„Aber du stirbst doch nicht. Was ist denn los mit dir?"
„Doch, ich werde. Ich habe gehört, wie er hundertundzwei gesagt hat."
„Aber man stirbt doch nicht bei einer Temperatur von hundertundzwei. Es ist albern, so zu reden."
„Ich weiß aber, dass es so ist. In der Schule in Frankreich haben mir die Jungen erzählt, dass man mit
75 vierundvierzig Grad nicht leben kann. Ich habe hundertundzwei."
Er hatte den ganzen Tag auf seinen Tod gewartet, die ganze Zeit über, seit neun Uhr morgens.
„Mein armer Schatz", sagte ich. „Mein armer, alter Schatz. Es ist wie mit Meilen und Kilometern.
Du wirst nicht sterben. Es ist ein anderes Thermometer. Auf *dem* Thermometer ist
siebenunddreißig normal. Auf dieser Sorte achtundneunzig."[1]
80 „Bist du sicher?"
„Völlig", sagte ich. „Es ist wie mit Meilen und Kilometern. Weißt du, so wie: wie viel Kilometer
machen wir, wenn wir siebzig Meilen im Auto fahren?"
„Ach", sagte er.
Aber die Starre verschwand langsam aus seinem auf das Fußende seines Bettes gerichteten Blick;
85 auch seine Verkrampftheit ließ schließlich nach und war am nächsten Tag fast ganz weg, und er
weinte wegen Kleinigkeiten los, die ganz unwichtig waren.

[1] Gemeint ist ein Thermometer mit der Fahrenheit-Skala. 102 Grad Fahrenheit
entsprechen einem Wert von 38,9 Grad Celsius.

Die folgenden Aufgaben helfen dir, die Prüfungsaufgaben zu lösen.

3 Welche Gedanken hast du nach dem Lesen der Kurzgeschichte? Notiere Stichworte. /2

4 Worum geht es in der Geschichte? Kreuze die richtige Antwort an. /1

☐ In der Geschichte geht es um einen Jungen, der wegen einer Verletzung im Bett liegt.
☐ In der Geschichte geht es um einen Jungen, der mit einer Grippe im Bett liegt.
☐ In der Geschichte geht es um einen Jungen, der seinen kranken Vater pflegt.

5 a. Wo findet die Handlung statt? Markiere die Orte im Text. /1
b. Schreibe auf, wo die Kurzgeschichte spielt. /1

6 Welche Figuren spielen in der Kurzgeschichte eine wichtige Rolle? Nenne sie. /1

Kurzgeschichten analysieren und interpretieren

In der Kurzgeschichte gibt ein Erzähler die Ereignisse aus seiner Sicht wieder.

7 Was trifft auf die Geschichte zu?
   a. Kreuze die richtige Antwort an.
   b. Belege deine Antwort mit einer Textstelle. Gib auch die Zeilen an.

   /1
   /2

   ☐ Die Geschichte erzählt ein Ich-Erzähler, der selbst Teil der Handlung ist.
   ☐ Die Geschichte erzählt ein Ich-Erzähler, der wiedergibt, was ihm berichtet worden ist.
   ☐ Die Geschichte erzählt ein Er-Erzähler.

8 Welche Figur in der Geschichte ist der Ich-Erzähler?
   a. Kreuze die richtige Antwort an.
   b. Belege deine Antwort mit einer Textstelle aus Absatz **3**.

   /1
   /2

   ☐ das kranke Kind   ☐ der Vater   ☐ eine andere Figur

Du untersuchst das Verhalten der Figuren.

9 Wie verhält sich der Vater, als der Sohn ins Zimmer kommt?
   a. Lies noch einmal Absatz **1**.
   b. Finde drei passende Textstellen. Markiere sie.

   /3

10 Was unternimmt der Vater, nachdem er festgestellt hat, dass sein Sohn Fieber hat?
   a. Lies noch einmal Absatz **3**.
   b. Finde drei passende Textstellen. Markiere sie.

   /3

11 Wie reagiert der Sohn auf seine Krankheit?
   a. Finde passende Textstellen im Absatz **3**.
   b. Schreibe die Textstellen auf. Gib dabei auch die Zeilen an.

   /2
   /2

12 Der Vater ist über das Verhalten seines Sohnes verwundert.
   a. Finde in den Absätzen **3** und **4** Textstellen, die das belegen. Markiere sie.
   b. Erkläre die Gedanken des Vaters mit eigenen Worten.

   /2
   /2

„Du wirst nicht sterben. Es ist ein anderes Thermometer." (Zeile 78)

13 Wie verhält sich der Sohn, als ihm der Vater schließlich den Unterschied
zwischen Fahrenheit und Celsius erklärt?
   a. Finde passende Textstellen im Absatz **5**. Markiere sie. /2
   b. Beschreibe das Verhalten des Sohnes. /2

14 Der Titel der Kurzgeschichte lautet „Ein Tag Warten".
Wer wartet in dieser Geschichte? Worauf?
   a. Finde passende Textstellen im Absatz **5**. Markiere sie. /1
   b. Wie kannst du den Titel erklären? Schreibe es auf. /2

Du untersuchst die Merkmale der Kurzgeschichte.

15 Welche Merkmale einer Kurzgeschichte treffen auf diese Geschichte zu?
   a. Kreuze die zutreffenden Merkmale an. /5
   b. Begründe deine Wahl mit eigenen Worten oder mit einer passenden Textstelle. /5

☐ plötzlich mittendrin

☐ ein alltägliches Geschehen

☐ ein kurzer Ausschnitt aus dem Leben

☐ ein entscheidender Moment – ein Wendepunkt

☐ offenes Ende

Die Interpretation schreiben und überarbeiten

Punkte:

Du hast die Geschichte analysiert. Deine Ergebnisse aus den Aufgaben 2 bis 15 fasst du in einem eigenen Text zusammen.

1 Schreibe die Einleitung deiner Interpretation.
  a. Nenne die Textsorte, den Titel und den Autor der Geschichte.
  b. Schreibe auch, worum es in der Geschichte geht.

Einleitung

/4

2 Notiere Stichworte für den Hauptteil deiner Interpretation.
Tipp: Notiere auch Textstellen als Beleg.
  a. Gib am Anfang des Hauptteils das Wichtigste der Handlung wieder.
  b. Schreibe auf, was du über die Erzählperspektive herausgefunden hast.
  c. Beschreibe das Verhalten der Figuren und ihr Verhältnis zueinander.
  d. Fasse zusammen, welche besonderen Merkmale diese Kurzgeschichte hat.

Hauptteil

/20

3 Schreibe mit Hilfe deiner Notizen aus Aufgabe 2
den Hauptteil in dein Heft.

4 Schreibe zwei bis drei Schlusssätze.
  • Was ist deine persönliche Meinung zu der Geschichte?
  • Wie hat die Geschichte auf dich gewirkt? Wodurch?

Schluss

/3

5 Hast du auch nichts vergessen?
Überprüfe deine Interpretation noch einmal mit Hilfe der Checkliste auf Seite 37.

/80

Meine Gesamtpunktzahl:

von 80

69–80 Punkte:
Super!

41–68 Punkte:
Das kann ich noch
besser. Ich übe weiter!

0–40 Punkte:
Ich arbeite die Seiten
30 bis 37 noch einmal durch.

Textquellen: S. 10: Der Kakaobaum. Aus: Biologie 5/6 Gymnasium NRW (Hrsg.) Monika Biere-Mescheder, Dr. Edeltraud Kemnitz. Duden Paetec Schulbuchverlag 2012 (gekürzt). S. 30–31: Pattie Wigand: Ein Montagmorgen im Bus. Aus: Der Pauker, Prüfungsaufgaben für Hauptschulabgänger in Baden-Württemberg. Stephan Hutt-Verlag, Stuttgart, Ausgabe 1994/95. S. 39: Rose Ausländer: Gemeinsam. Aus: Ausländer, Rose: Gesammelte Werke Bd. V. Ich höre das Herz des Oleanders. Gedichte 1977–1979. Fischer Verlag, Frankfurt am Main 1984. S. 75: Smartphone-Besitzer 2011–2013. Aus: JIM-Studie 2013. Hrsg. Medienpädagogischer Forschungsverbund Südwest. Stuttgart 2013, S. 51. S. 82–84: Ernest Hemingway: Ein Tag Warten. Aus: Hemingway, Ernest: 49 stories. Autorisierte Übersetzung aus dem Amerikanischen von Annemarie Horschitz-Horst. Aufbau-Verlag, Berlin/Weimar 1974, S. 470 bis 473. Alle weiteren Texte sind Originalbeiträge.

Allgemeiner Hinweis zu den in diesem Lehrwerk abgebildeten Personen: Soweit in diesem Lehrwerk Personen fotografisch abgebildet sind und ihnen von der Redaktion fiktive Namen, Berufe, Dialoge und Ähnliches zugeordnet oder diese Personen in bestimmte Kontexte gesetzt werden, dienen diese Zuordnungen und Darstellungen ausschließlich der Veranschaulichung und dem besseren Verständnis des Inhalts.

Bildquellen: S. 4: © Roche/Photocuisine/Corbis; S. 6 oben: © dolphfyn/Shutterstock.com; S. 6: Grafiken Palmölproduktion und Palmölimport 2012. Nach: OVID. Verband der ölsaatenverarbeitenden Industrie in Deutschland e. V., Berlin 2013; S. 7 (oben): © Rich Carey/Shutterstock.com; (Mitte): © Mauritius images/Alamy; (unten): © Calvin Chan/Shutterstock.com; S. 10: © Valentyn Volkov/Shutterstock.com; S. 14: © Elenathewise/Fotolia.com; S. 16: © Jorge Adorno/Corbis; S. 17: Grafiken Haushaltsabfälle 2010. Nach: Bundesministerium für Umwelt, Naturschutz, Bau und Reaktorsicherheit. Abfallwirtschaft in Deutschland 2013 © Statistisches Bundesamt; S. 22: © Jacek Chabraszewski/Shutterstock.com; S. 23: © Mauritius images/Alamy; S. 24 (links oben): © Sheftsoff/Shutterstock.com; (links Mitte): © DDRockstar/Fotolia.com; (links unten): © Alex Sun/Shutterstock.com; (rechts oben): © dotshock/Shutterstock.com; (rechts Mitte): © photomak/Shutterstock.com; (rechts unten): © Monkey Business Images/Shutterstock.com; S. 39: © Olena Mykhaylova/Shutterstock.com; S. 48: © Robert Kneschke/Fotolia.com; S. 49: © goodluz/Fotolia.com; S. 54: © Andrea Izzotti/Shutterstock.com; S. 56: © Mauritius images/Heidi Velten; S. 60: © igor.stevanovic/Shutterstock.com; S. 61: © Mauritius images/Alamy; S. 64: © action press/Foto Pollex; S. 70: © imago/epd; S. 72: © Maksim Kabakou/Shutterstock.com; S. 78: © mama_mia/Shutterstock.com

Illustrationen: Sylvia Graupner, Annaberg: S. 30, 31, 82, 83. Rüdiger Trebels, Düsseldorf: S. 17, 29, 38, 44, 50, 52, 53, 58, 66–68

Redaktion und Bildrecherche: Susanne El-Gindi, Daphná Pollak
Umschlaggestaltung: Cornelsen Verlag, Design /Klein & Halm Grafikdesign, Berlin
Umschlagfoto: © Marco Govel/Fotolia.com
Layout und technische Umsetzung: zweiband.media, Berlin

www.cornelsen.de

1. Auflage, 7. Druck 2024

Alle Drucke dieser Auflage sind inhaltlich unverändert
und können im Unterricht nebeneinander verwendet werden.

© 2015 Cornelsen Schulverlage GmbH, Berlin
© 2016 Cornelsen Verlag GmbH, Berlin

Druck: Drukarnia Dimograf Sp. z o.o., Bielsko-Biała

ISBN 978-3-06-062349-5

PEFC-zertifiziert
Dieses Produkt
stammt aus
nachhaltig
bewirtschafteten
Wäldern und
kontrollierten Quellen
PEFC/32-31-076 www.pefc.pl